Es begab sich aber zu der Zeit

Herausgegeben von Elisabeth Hurth

Es begab sich aber zu der Zeit

Geschichten und Legenden aus dem Weihnachtsland

Ausgewählt, mit einem Nachwort versehen
und herausgegeben von Elisabeth Hurth

HERDER
FREIBURG · BASEL · WIEN

Umschlaggestaltung: Finken & Bumiller, Stuttgart
Umschlagmotiv: Zefa visual media, Düsseldorf
Bilder im Innenteil: Wolfgang Müller, Oberried

www.herder.de
Druck und Bindung:
fgb · freiburger graphische betriebe 2002
www.fgb.de
Gedruckt auf umweltfreundlichem,
chlor- und säurefrei gebleichtem Papier
ISBN 3-451-27862-6

INHALT

1

Zeit der frohen Zuversicht

Du kamest doch sonst Jahr um Jahr

RUDOLF ALEXANDER SCHRÖDER

Wir harren, Christ, in dunkler Zeit,
gib deinen Stern uns zum Geleit
auf winterlichem Feld.
Du kamest sonst doch Jahr um Jahr;
nimm heut auch unsre Armut wahr
in der verworrnen Welt.

Es geht uns nicht um bunten Traum
von Kinderlust und Lichterbaum;
wir bitten, blick uns an
und laß uns schaun dein Angesicht,
drin jedermann, was ihm gebricht,
gar leicht verschmerzen kann.

Es darf nicht immer Friede sein,
wers recht begriff, der gibt sich drein.
Hat jedes seine Zeit.
Nur deinen Frieden, lieber Herr,
begehren wir je mehr und mehr,
je mehr die Welt voll Streit.

Der Herr sprach noch einmal zu Ahas; er sagte: Erbitte dir vom Herrn, deinem Gott, ein Zeichen, sei es von unten, aus der Unterwelt, oder von oben, aus der Höhe.

Ahas antwortete: Ich will um nichts bitten und den Herrn nicht auf die Probe stellen.

Da sagte Jesaja: Hört her, ihr vom Haus David! Genügt es euch nicht, Menschen zu belästigen? Müsst ihr auch noch meinen Gott belästigen? Darum wird euch der Herr von sich aus ein Zeichen geben: Seht, die Jungfrau wird ein Kind empfangen, sie wird einen Sohn gebären, und sie wird ihm den Namen Immanuel (Gott mit uns) geben.

Jesaja 7,10–14

Seht, das ist mein Knecht, den ich stütze; das ist mein Erwählter, an ihm finde ich Gefallen.

Ich habe meinen Geist auf ihn gelegt, er bringt den Völkern das Recht.

Er schreit nicht und lärmt nicht und lässt seine Stimme nicht auf der Straße erschallen.

Das geknickte Rohr zerbricht er nicht, und den glimmenden Docht löscht er nicht aus; ja, er bringt wirklich das Recht.

Er wird nicht müde und bricht nicht zusammen, bis er auf der Erde das Recht begründet hat. Auf sein Gesetz warten die Inseln.

Jesaja 42,1–4

Zeit der frohen Zuversicht

Karl Heinrich Waggerl

Advent, das ist die stillste Zeit im Jahr, wie es im Liede heißt, die Zeit der frohen Zuversicht und der gläubigen Hoffnung. Es mag ja nur eine Binsenweisheit sein, aber es ist eine von den ganz verläßlichen Binsenweisheiten, daß hinter jeder Wolke der Trübsal doch immer auch ein Stern der Verheißung glänzt. Daran trösten wir uns in diesen Wochen, wenn Nacht und Kälte unaufhaltsam zu wachsen scheinen. Wir wissen ja doch, und wir wissen es ganz sicher, daß die finsteren Mächte unterliegen werden, an dem Tag, mit dem die Sonne sich wendet, und in der Nacht, in der uns das Heil der Welt geboren wurde. Für die Leute in den Städten hat der Advent kein großes Geheimnis mehr. Ihnen ist es nur unbequem und lästig, wenn die ersten Fröste kommen, wenn der Nebel in die Straßen fällt und das karge Licht des Tages noch mehr verkürzt. Aber der Mensch auf dem Lande, in entlegenen Tälern und einschichtigen Dörfern, der steht den gewaltigen Kräften der Natur noch unmittelbar gegenüber. Stürme toben durch die Wälder herab und ersticken ihm das Feuer auf dem Herd, er sieht die Sonne auf ihrem kurzen Weg von Berg zu Berg krank werden und hinsterben, grausam finster sind die Nächte, und der Schneedonner schreckt das Wild aus seinen Zuflüchten. Noch in meiner Kindheit gab es kein Licht in der Stube außer vom Kienspan oder von einer armseligen Talgkerze. Der Wind rüttelte am Fensterladen und schnaufte durch die Ritzen, das hörte sich an wie der Atem eines Ungeheuers, das draußen herumging und überall schnupperte, einmal an der Wand und dann an den Dachschindeln, es verhielt am Brunnen und kam wieder mit tappenden Hufen. Wie gut, wenn ein Licht dabei brannte, gottlob für einen winzigen Funken Licht in der schreckliche Finsternis!

Es gibt einen uralten Adventsbrauch in Salzburg, der auch heute noch draußen in den Dörfern lebendig ist, das Frauentragen. Abends in der Dämmerung gesellt sich eine Schar junger Mädchen zusammen. Eines geht mit der Laterne voran, ein anderes trägt ein Bild Unserer Lieben Frau unter dem Mantel, und so ziehen sie von Hof zu Hof, gleichsam, um für die Muttergottes eine Herberge zu suchen. Sie treten ernst in die Stuben, dann stellen sie ihr Frauenbild in die Mitte und sprechen oder singen den Englischen Gruß und ein Wort des Dankes und des Segens dafür, daß Maria nicht vergeblich hätte anklopfen müssen, wenn sie in der kalten Winternacht des Weges gekommen wäre, wie einst auf ihrer Wanderschaft nach Bethlehem.

In der Vorweihnacht kam der Vater immer schon ums Dunkelwerden von der Arbeit heim. Er saß dann gern mit uns Kindern am Tisch, während wir auf das Essen warteten. Müde und geduldig ließ er sich ausfragen, es schadete nichts, wenn Frage und Antwort kaum einmal zusammenpaßten, weil der Vater schwerhörig war, mitunter auch ganz taub, falls die Mutter etwas von Brennholzklieben dazwischen sagte.

Am zweiten Sonntag im Advent stieg der Vater auf den Dachboden und brachte die große Schachtel mit dem Krippenzeug herunter. Ein paar Abende hindurch wurde dann fleißig geleimt und gemalt, etliche Schäfchen waren lahm geworden und der Esel mußte einen neuen Schwanz bekommen, weil er ihn in jedem Sommer abwarf wie ein Hirsch sein Geweih. Aber endlich stand der Berg wieder wie neu auf der Fensterbank, mit glänzendem Flitter angeschneit, die mächtige Burg mit der Fahne auf den Zinnen und darunter der Stall. Das war eine recht gemütliche Behausung, eine Stube eigentlich, sogar der Herrgottswinkel fehlte nicht und ein winziges ewiges Licht unter dem Kreuz. Unsere Liebe Frau kniete im seidenen Mantel vor der Krippe, auf der Strohschütte lag das rosige Himmelskind, und hinten standen Ochs und Esel und beglotzten das Wunder. Der Ochs bekam sogar ein Büschel Heu ins Maul gesteckt, aber er fraß es ja nie. Und so ist es mit allen Ochsen, sie schauen nur und schauen und begreifen rein gar nichts.

Weil der Vater selber Zimmermann war, hielt er viel darauf, daß auch sein Patron, der heilige Josef, nicht nur so herumlehnte, er dachte sich in jedem Jahr ein anderes Geschäft für ihn aus. Josef mußte Holz hacken oder die Suppe kochen oder mit der Laterne die Hirten einweisen, die von überall hergelaufen kamen und Käse mitbrachten oder Brot oder was sonst arme Leute zu schenken haben. Es hauste freilich ein recht ungleiches Volk in unserer Krippe, ein Jäger, der zwei Wilddiebe am Strick hinter sich herzog, aber auch etliche Zinnsoldaten und der Fürst Bismarck und überhaupt alle Bresthaften aus der Spielzeugkiste. Oben hinter den Zinnen durfte immer mein grüner Frosch aus Seife sitzen. Es war ihm wohl zuzutrauen, daß er ein paar Wochen lang nicht quaken, sondern bellen würde wie ein braves Hündchen. Ganz zuletzt kam der Augenblick, auf den ich schon tagelang gelauert hatte. Der Vater klemmte plötzlich meine Schwester zwischen die Knie, und ich durfte ihr das längste Haar aus dem Zopf ziehen. Dann wurde ein golden gefiederter Engel daran geknüpft und über der Krippe aufgehängt, damit er sich unmerklich drehte und wachsam umherblickte.

Das Gloria sangen wir selber dazu. Es klang vielleicht ein bißchen grob in unserer breiten Mundart, aber Gott schaut seinen Kindern ja ins Herz und nicht in den Kopf oder aufs Maul. Und es ist auch gar nicht so, daß er etwa nur Latein verstünde.

Heutzutage weiß man nicht mehr viel von alten Weihnachtsbräuchen, wie etwa das Anglöckeln einer war. Ich wüßte nicht zu sagen, was für ein tieferer Sinn in dieser Sitte liegen könnte, vielleicht steckt wirklich noch ein Rest von Magie aus der Heidenzeit dahinter, wie manche Gelehrte meinen. Meine Mutter jedenfalls hielt dafür, daß es ein frommer Brauch sei, und deshalb durfte auch ich mit meiner Schwester und dem Nachbarbuben auf die Reise gehen. Was dazu an Verkleidung nötig war, besorgte der Vater mit einer unerschöpflichen Phantasie. Unter seinen Händen verwandelten wir uns in seltsame Zwitterwesen, halb Engel, halb Gespenst. Aber uns machte es weiter kein Kopfzerbrechen, wen wir eigentlich darstellen sollten, die Heiligen Drei Könige oder bloß etliche von den vierzig Räubern. Das wichtigste an der ganzen Ausrüstung war jedenfalls ein geräumiger Sack. Mit dem zogen wir abends von Tür zu Tür und sangen, was uns gerade einfiel, Heiliges und Unheiliges durcheinander. Manchmal kam gleich ein ungehobelter Hund dazwischen, der uns an die Beine fuhr, statt andächtig zuzuhören, aber gewöhnlich konnten wir mit dem Erfolg zufrieden sein, aus Gründen freilich, die ich damals nicht richtig einschätzte. Denn die Leute stürzten sofort an die Türen, wenn wir unseren Gesang anstimmten und stopften uns eilig Kletzenbrot und Äpfel in den Sack, nur damit wir gleich wieder aufhörten und weiterzögen. Das taten wir auch bereitwillig, sobald unsere Fracht genügend angewachsen war. Ich wollte, es wäre dabei geblieben, und meine Zuhörer belohnten mich auch heute noch dafür, daß ich schweige.

Einer unter den Weihnachtsbräuchen, und eigentlich der freundlichste von allen, ist mir selber nach und nach zu einem Alpdruck geworden, nämlich die Sitte des Schenkens. Nicht daß ich etwa ein Ausbund an Geiz und Habgier wäre, aber in jedem Jahr stelle ich eine umständliche Rechnung an, weil ich mir nicht erklären kann, wie es zugeht, daß jedermann so viel zu schenken hat und so wenig bekommt. Bei uns daheim war die Sache nicht weiter schwierig. Der Vater fand jedesmal ein paar gestickte Hausschuhe unter dem Baum, völlig ahnungslos natürlich, er wußte es nur immer so einzurichten, daß die alten Pantoffeln erst am Heiligen Abend ihre Sohlen verloren. Der Mutter hingegen wurde, in zahllose Schachteln verschnürt, ihr blaues

Schürzenzeug überreicht, und dann hörten wir alle geduldig eine Weile ihr Gejammer an – wie leichtsinnig es sei, so viel Geld für sie auszugeben.

Für uns Kinder war es hergebracht, daß wir nichts schenken durften, was wir nicht selber gemacht hatten. Meine Schwester konnte sich leicht helfen, sie war ja immerhin ein Frauenzimmer und verstand sich auf die Strickerei oder sonst eine von diesen hexenhaften Weiberkünsten, die mir zeitlebens unheimlich gewesen sind. Einmal nun dachte auch ich etwas Besonderes zu tun. Ich wollte den Nähsessel der Mutter mit Kufen versehen und einen Schaukelstuhl daraus machen, damit sie ein wenig Kurzweil hätte, wenn sie am Fenster sitzen und meine Hosen flicken mußte. Heimlich sägte ich also und hobelte in der Holzhütte, und es geriet mir auch alles vortrefflich. Auch der Vater lobte die Arbeit und meinte, es sei eine großartige Sache, wenn es uns nur auch gelänge, die Mutter in diesen Stuhl hineinzulocken.

Aber aufgeräumt, wie sie am Heiligen Abend war, tat sie mir wirklich den Gefallen. Ich wiegte sie, sanft zuerst und allmählich ein bißchen schneller, und es gefiel ihr ausnehmend wohl. Niemand merkte jedenfalls, daß die Mutter immer stiller und blasser wurde, bis sie plötzlich ihre Schürze an den Mund preßte – es war durchaus kein Gelächter, was sie damit ersticken mußte. Lieber, sagte sie hinterher, weit lieber wollte sie auf einem wilden Kamel durch die Wüste Sahara reiten, als noch einmal in diesen Stuhl zu sitzen kommen! Und tatsächlich, noch auf dem Weg zur Mette hatte sie einen glasigen Blick, etwas seltsam Wiegendes in ihrem Schritt.

Advent, sagt man, sei die stillste Zeit im Jahr. Aber in meinem Bubenalter war es keineswegs die stillste Zeit. Zu Anfang Dezember, in den unheimlichen Tagen, während Sankt Nikolaus mit dem Klaubauf unterwegs war, wurde ich in den Wald geschickt, um den Christbaum zu holen. Mit Axt und Säge zog ich aus, von der Mutter bis zum Hals in

Wolle gewickelt und mit einem geweihten Pfennig versehen, damit mich ein heiliger Nothelfer finden konnte, wenn ich mich etwa verirrte. Ein Wunder von einem Baum stand mir vor Augen, mannshoch und sehr dicht beastet, denn er sollte nachher ja auch etwas tragen können. Stundenlang kroch ich im Unterholz herum, aber ein Baum im Wald sieht sich ganz anders an als einer in der Stube. Wenn ich meine Beute endlich daheim in die Waschküche schleppte, hatte sich das schlanke, pfeilgerade Stämmchen doch wieder in ein krummes und kümmerliches Gewächs verwandelt, auch der Vater betrachtete es mit Sorge. Er mußte seine ganze Zimmermannskunst aufwenden, um das Ärgste zurechtzubiegen, ehe uns die Mutter dazwischenkam.

Ach, die Mutter! In diesen Wochen lief sie mit hochroten Wangen herum, wie mit Sprengpulver geladen, und die Luft in der Küche war sozusagen geschwängert mit Ohrfeigen. Dabei roch die Mutter so unbeschreiblich gut, überhaupt ist ja der Advent die Zeit der köstlichen Gerüche. Es duftet nach Wachslichtern, nach angesengtem Reisig, nach Weihrauch und Bratäpfeln. Ich sage ja nichts gegen Lavendel und Rosenwasser, aber Vanille riecht doch eigentlich viel besser oder Zimt und Mandeln.

Mich ereilten dann die qualvollen Stunden des Teigrührens. Vier Vaterunser das Fett, drei die Eier, ein ganzer Rosenkranz für Zucker und Mehl. Die Mutter hatte die Gewohnheit, alles Zeitliche in ihrer Kochkunst nach Vaterunsern zu bemessen, aber die mußten laut und sorgfältig gebetet werden, damit ich keine Gelegenheit fände, den Finger in den köstlichen Teig zu tauchen. Wenn ich nur erst den Bubenstrümpfen entwachsen wäre, schwor ich mir damals, dann wollte ich eine ganze Schüssel voll Kuchenteig aufessen, und die Köchin sollte beim geheizten Ofen stehen und mir dabei zuschauen müssen! Aber leider, das ist einer von den Knabenträumen geblieben, die sich nie erfüllt haben.

Am Abend nach dem Essen wurde der Schmuck für den Christbaum erzeugt. Auch das war ein unheilschwangeres Geschäft. Damals konnte man noch ein Buch echten Blattgoldes für ein paar Kreuzer beim Krämer kaufen. Aber nun galt es, Nüsse in Leimwasser zu tauchen und ein hauchdünnes Goldhäutchen herumzublasen. Das Schwierige bei der Sache war, daß man vorher nirgendwo Luft von sich geben durfte. Wir saßen alle in der Runde und liefen blaurot an vor Atemnot, und dann geschah es eben doch, daß plötzlich jemand niesen mußte. Im gleichen Augenblick segelte eine Wolke von glänzenden Schmetterlingen durch die Stube. Einerlei, wer den Zauber verschuldet hatte, das Kopfstück bekam jedenfalls ich, obwohl es nur bewirkte, daß sich der goldene Unsegen von neuem in die Lüfte hob. Ich wurde dann in die Schlafkammer verbannt und mußte Silberpapier um Lebkuchen wickeln.

Es kam endlich doch der Heilige Abend und mit ihm die letzte der Prüfungen, das Bad in der Küche. Das fing ganz harmlos an, ich saß im Zuber wie ein gebrühtes Schweinchen und plätscherte verschämt mit dem Wasser, in der Hoffnung, daß ich nun doch schon groß genug sei, um der Schande des Gewaschenwerdens zu entgehen. Aber plötzlich fiel die Mutter wieder mit der Reisbürste über mich her, es half nichts, kein Gezeter und Gespreize. Erst in der äußersten Not erbarmte sich der Vater und nahm ein bis zur Unkenntlichkeit entstelltes, ein durchscheinendes Geschöpf in seine Arme. Da war sie nun wirklich, die stillste Zeit im Jahr, wirklich Stille und Friede und köstliche Geborgenheit an seiner breiten Brust. Später, wenn die Kerzen am Baum längst erloschen waren, um die Mitternacht, durfte ich die Mutter zur Mette begleiten. Ich weiß noch gut, wie stolz ich war, als sie mich zum ersten Mal nicht mehr an der Hand führte, sondern neben sich hergehen ließ als ihren Sohn und Beschützer. Auch in der Kirche kniete ich nun auf der Männerseite. Die Frauen sangen auf dem Chor und der Pfarrer am Altar hielt eine Weile inne, um das Weihnachtslied anzuhören, diese holde Weise von der stillen Nacht, die schon so lang, über Grenzen und Zeiten hinaus, das Gemüt der Menschen bewegt.

KARL HEINRICH WAGGERL

Und wir Heutigen? Leben wir nicht auch in einer Weltzeit des Advent? Scheint uns nicht alles von der aufkommenden Finsternis bedroht zu werden, das karge Glück unseres Daseins? Wir warten bang auf den Engel mit der Botschaft des Friedens und überhören so leicht, daß diese Botschaft nur denen gilt, die guten Willens sind. Es ist keine Hilfe und keine Zuflucht bei der Weisheit der Weisen und bei der Macht der Mächtigen. Denn der Herr kam nicht zur Welt, damit die Menschen weiser, sondern damit sie gütiger würden. Und darum sind es allein die Kräfte des Herzens, die uns vielleicht noch werden retten können.

Advent

Peter Rosegger

Die Zeit schläft. Sie hat sich in die Federflaumen des Schnees oder in die Schlafhaube der Dezembernebel vermummt und fröstelt in Fieberträumen. Nur wenige Stunden des Tages schlägt sie die trüben Augen auf, erwartungsvoll ausblickend nach des Verheißenen Ankunft. Advent! – So kann's nicht bleiben, anders muß es werden; – aber wer soll denn kommen? Der Erlöser, sagt der Prediger; der Jahrlohn, sagt der Dienstbote; die Weihnachtsgabe, sagen der Arme und das Kind; die Feiertage mit dem Christbraten, sagt der Bauer.

Und – Apollo, der Sonnenwender, sagt die Zeit. Wahrhaftig, die Sonne ist lahm und siech, die vermag gar nicht mehr hoch zu steigen; sie spaziert ihre paar Stündlein des Tages dort über den begehrtesten Berghalden hin und hüllt sich dicht in Nebelmäntel, daß sie sich ja nicht erkälte. Jeder Strauch hat sich eine weiße Decke über die Ohren gezogen; jeder Baum hat sich eine weiße Pelzhaube machen lassen – weiß ist sehr in der Mode. Der Teich hat sich eine tüchtige Winterfensterscheibe überfrieren lassen, der Bach hat sich einen kristallenen Kanal gewölbt, und der Hansel hat sich ein neues Paar Handschuhe stricken lassen aus weißer Schafwolle.

Ei, wäre dem Haushahn der Schnabel verfroren! Aber kaum ist der Nachtwächter zur Ruhe gekommen, hebt der Hahn an zu krähen, und das ist schon um drei oder vier Uhr, und der Hansel muß sein liebes Strohnest in der Stallkammer verlassen. Es ist diesmal das Dreschen noch nicht aus; dies Jahr kommt sie spät, die Krapfengarb'. Zwei »Legen« Stroh müssen gedroschen werden vor Tags und da meint der

Hansel: »Wenn wir uns aufs Stroh täten hinlegen und tüchtig und mit allem Fleiß darauf losschliefen, ob das Zeug nicht auch weich werden wollt?« Er weiß es aber gleichwohl, daß man nicht drischt, um das Stroh weich zu machen, sondern um das Korn herauszuschlagen.

Nach dem Frühstück gehen die Knechte hinaus in den Wald; auch die eine oder andere Magd, die höhere Strümpfe hat, als der Schnee tief ist, muß mit. Sie sägen Bäume um, glatt am Rand natürlich, aber kommt nur erst der Sommer, so zeigen die mannshohen Strünke, wie tief im Advent der Schnee gelegen ist. Die Ammerlinge und Häher zwitschern auf den Wipfeln ihre Winternot und kratzen Schneestaub nieder auf die Holzarbeiter, oder es stürzen ganze Schollen herab, so daß sich die Leutchen mühsam aber lachend aus dem Schneestaube wühlen müssen. Und wenn's erst stürmt, daß die gefrorenen Stämme winseln und krachen, dort und da ein Wipfel niederfährt und der scharfe Schneestaub saust, daß der Hansel die Kathel nicht mehr sieht und nach ihr mit den Fingern muß greifen, ob sie der Wind wohl nicht schon davongetragen – so ist das ein »saggrisch verteufeltes« Brennholzschlagen.

Die daheim haben es besser. Die legen das Holz des winterstürmischen Waldes in den Ofen und spinnen Garn und singen »Frauengesänge« und erzählen sich Märchen und plaudern und kichern.

Und wie gut sie verwahrt sind! An den Scheiben der kleinen Fenster ist der Schimmel des Eises gewachsen, und von den Dachvorsprüngen weben sich die silberweißen Spangen der gefrorenen Falltropfen nieder und hinein in den Schneewall, der das Haus umgibt. Da muß denn freilich bald nachmittags der Kienspan wieder glimmen. Und am Abende knarrt die Türe, da wird draußen im Vorgelaß Schnee von klingenden Schuhen geklöpfelt – Advent! Ankunft! Der Hansel ist da; der Hansel und der Seppel und der Franzel und der Toni. Ihr jungen Weiblein allmitsamt, jetzunder wird's noch lustiger bei Euch in der Spinnstube.

Lodenwämser austun, die klingenden Schuhe gegen »Strohpatschen« versetzen, warm Süpplein und »Brennsterz« grüßen, das kommt jetzt dran; dann heißt es die Pfeifen stopfen – brennt's nur erst, hebt das Schäkern an, geht das Necken los, und – der Hausvater und die Hausmutter sind nicht gar allfort zugegen – bis es Schlafenszeit wird, ist mancher Rocken verzaust, mancher Faden gerissen. »Sie tun's nit, und sie tun's einmal nit zusamm', die Mandeln und die Weibeln!«, hat der alt' Kas-Möstel gesagt.

Aber Tageslast ist schwer gewesen, und im Stüblein sitzt sich's so warm und die Augen sinken und sinken – Advent! Der Schlaf ist da! Die Kathel ruht in der einsamen Klause und kann nicht schlafen, weil die Tür in die Stallkammer hinaus nicht gut verriegelt ist, so trägt sich's wohl zu, daß insonderheit auch die Kathel Advent feiert.

Darf nicht gelten. Ankunft des Messias! sagt der Prediger, und die Kirche nimmt's ernsthaft. Alltäglich, ehe noch der Morgenstern aufgeht, zieht der Mesner ein Flämmchen von der roten Ampel des Ewigen Lichts und zündet damit die Altarkerzen an. Und die Glocken läuten, bis von nah und von fernem Gebirge die Andächtigen herbeikommen durch Nacht und Nebel und auch ihre Kerzlein anbrennen in der nächtigen Kirche und ein Lied ertönen lassen, das ihnen schon der Prophet Jesaias vorgesungen hat: »Tauet, Himmel, den Gerechten!«

Eine rührende Sehnsuchtsklage.

Als ich, ein Knabe noch, mit meinem Oheim einmal in die Rorate ging, fragte ich ihn unterwegs, was denn das eigentlich heiße: Tauet, Himmel, den Gerechten? Mein Oheim schwieg eine Weile, dann stand er plötzlich still: »Du fragst so närrisch. Viertausend Jahre haben sie gewartet; allerweil und in allen Enden und Winkeln sind Leut' geboren worden, aber ein ganz Gerechter ist halt nit dabei gewesen. Wo hernehmen, wenn er aus dem Menschenvolk nicht aufsteht? Aus der Erden hat er ihn herausstampfen wollen, der alte Prophetenmann, dem schon angst ist worden in der Seel'; aus der Luft hat er ihn wollen herabziehen, und in allen Wolken hat er ihn gesucht, und so hat er einmal in einer ruhsamen Nacht, da er auf der Heid' ist gestanden, die

Hände ausgestreckt gegen Himmel und hat das Wort gerufen. – Jetzt, Bub, wenn Du's nicht verstehst, anders kann ich Dir es nicht ausdeuten. Lass' ich Dich da stehen im Wald und geh' Dir davon und sag': Wart', bald komm' ich. Und ich komm' aber nicht, und Du stehst eine Stund um die andere und frierst und hörst die wilden Tiere heulen – und kennst keinen Weg, und ich komm' noch immer nicht – nachher, Bub, wirst es wohl verstehen, wie dem Prophetenmann ums Herz ist gewesen.«

Wir sind weiter gegangen, und nie habe ich kindlicher die Erwartung des Erlösers empfunden, als bei derselbigen Rorate.

Nikolauslegende

Gert Lindner

Als Kaiser Konstantin der Grosse von Konstantinopel aus über das byzantinische Reich herrschte, erhob sich im fernen Phrygien ein Aufstand, und der Kaiser sandte seine drei Feldherren Nepotianus, Ursus und Eupoleo mit einer Heeresmacht dahin, um Ruhe und Ordnung wiederherzustellen. Kaum hatten die Schiffe die Inselwelt des Ägäischen Meeres durchfahren, erhob sich ein ungünstiger Wind und zwang sie, im Hafen von Myra vor Anker zu gehen.

Nikolaus, der damalige Bischof der Stadt, fürchtete mit Recht, die rohen Soldatenhorden würden die Gelegenheit nutzen und die Häuser plündern. Er flehte daher die drei Flottenbefehlshaber an, das wilde Kriegsvolk in Zucht zu halten und Mord und Brandschatzung unter der Truppe zu verbieten. Die Feldherren willigten ein und kamen als Gäste in das Haus des Nikolaus.

In der Zwischenzeit hatte sich der oberste Richter der Stadt einer Rechtsbeugung schuldig gemacht. Drei Edelleute, deren Unschuld dem Bischof wohl bekannt war, waren zur Richtstätte geführt worden und sollten enthauptet werden. Zornentbrannt entriß Nikolaus dem Henker das Richtschwert und befreite die Gefangenen. Der bestochene Richter bekannte zerknirscht seine Schuld, erlangte jedoch Verzeihung, nachdem sich auch die Feldherren, die bei der Befreiungstat am Richtplatz zugesehen hatten, für ihn verwendeten.

Nach der Wetterbesserung lichteten die Schiffe ihre Anker und verließen den Hafen von Myra, um ihren Auftrag auszuführen.

Die Niederwerfung des Aufstandes mag den drei Befehlshabern

Gert Lindner

rasch und ohne großes Blutvergießen geglückt sein, denn der Kaiser empfing sie bald darauf mit großen Ehren und Auszeichnungen am Hofe. Auf eine seltsame Weise sollten auch sie die Hilfe und Fürsprache durch den Bischof Nikolaus von Myra erhalten.

Es waren am Hofe des Kaisers einige Leute, die den drei Feldherren den kaiserlichen Auftrag in Phrygien mißgönnt hatten und sie nun auch nach ihrer Rückkehr um die erworbenen Ehren beneideten. Sie bezichtigten die Feldherrn vor den Ohren des Kaisers des Verrats, so daß dieser im raschen Zorn alle drei ohne jedes weitere Verhör enthaupten lassen wollte. In der Not erinnerten sie sich des mildtätigen Bischofs von Myra, von dem sie schon manches gehört hatten, und riefen aus dem Kerker heraus nach seiner Hilfe.

Darauf erschien der Bischof in der folgenden Nacht dem Kaiser im Traum und drohte ihm mit dem Strafgericht Gottes, wenn er die so leichtfertig Verurteilten nicht einem ordentlichen Gericht unterwerfe und ihr angebliches Vergehen gerecht prüfe. Am anderen Tag ließ der Kaiser die Verurteilten noch einmal vorführen, wobei ihre Unschuld offenbar wurde. Er fragte sie, ob ihnen der Bischof Nikolaus von Myra bekannt sei. Da wußten sie, daß sie ihm ihre Rettung zu danken hatten.

Durch eine Mißernte war eine arge Hungersnot über Myra und die ganze Landschaft Lykien gekommen. Die Menschen starben vor Hunger, und der Bischof Nikolaus lag Tage und Nächte in der Kirche auf den Knien und flehte zu Gott um Beistand und Rettung.

Da hörte man, daß Schiffe aus Alexandrien, schwer mit Weizen beladen, im Hafen der Stadt angekommen seien. Sofort eilte Nikolaus zu den fremden Schiffsleuten und bat sie, aus jedem Schiff nur hundert Maß Korn abzugeben, damit die Hungernden in seiner Gemeinde am Leben erhalten werden könnten. Zunächst weigerten sich die Schiffsleute und sagten: »Vater, das Korn ist für den Kaiser bestimmt, und wir müssen in Konstantinopel die Maße abliefern, die wir in Alexandrien entgegengenommen haben!« – gaben aber auf das inständige Bitten des Bischofs doch die hundert Maß aus jedem Schiff, worauf sie mit gutem Wind weitersegelten.

In Konstantinopel löschten sie ihre Ladung und stellten fest, daß von der gesamten Weizenmenge kein einziges Maß fehlte. Da erzählten sie das Wunder den kaiserlichen Dienern und überall, wohin sie kamen, und priesen Gott und den heiligen Mann. – Nikolaus aber verteilte das Korn unter die Hungernden seines Sprengels. Es wird berichtet, daß die Leute damit zwei volle Jahre auskamen und daß das Korn im gleichen Maße zum Verbrauch wie zur Aussaat reichte.

Gert Lindner

Der Niklo

Peter Rosegger

Sankt Nikolaus war ein Bischof, wie es deren wenige gibt.

Da ist er an den Winterabenden durch die finsteren Gassen gegangen und hat den Leuten zu den Fenstern hineingeguckt, was sie machen und was sie haben.

Und wo die Armut und die Tugend daheim, da warf er ein Goldstück durch das Fenster.

Sankt Nikolaus wandelt noch heute durch die Welt, er wirft manches Goldstück in die Wohnungen der Armen; und wer noch klein ist und im Berglande der Steiermark wohnt, der kann ihn wohl auch einmal *sehen*, den heiligen Mann im Ornat, mit Stab und Bischofsmütze, denn der »Niklo«, wie ihn die Städter aus Gebäck und Tannenzapfen haben, zieht draußen auf dem Lande wahrhaftig herum in Fleisch und Blut! Mit den Großen macht er sich nicht viel zu schaffen, er ist ganz Kinderfreund. Gleichwohl ist aus der schönen Sitte ein Zerrbild geworden.

Am Nikolausabend (5. Dezember), da wird der Niklo sichtbar und geht in die Häuser und fragt nach den Kindern, ob sie brav sind, fleißig beten und etwas lernen. Diese haben den Besuch wohl erwartet und sind schon seit einigen Tagen her bestrebt gewesen, ihre Tugenden in das günstigste Licht zu stellen; besonders kommen in der Nikolauswoche unter den Kleinen auffällig wenig Händel vor und Kleider und Bücher oder Geräte werden verhältnismäßig sehr geschont. Es geschieht das aus wichtigen Gründen, denn der Niklo, wenn er kommt, hat nicht bloß rote Äpfel, goldene Nüsse, verzuckerte Zwetschgen usw. bei sich, sondern auch einen schwarzen, sehr verdächtigen Begleiter: den »Bartl«, der wie der Teufel aussieht und von dem man nicht weiß, wie der heilige Bischof mit ihm so freundschaftlich sein mag.

So kommen sie beide am Abende, wenn der Span schon angezündet ist. Der Niklo, der ein ehrwürdiger Mann mit schneeweißen Haaren und Bart ist, geht voran und sagt:

»Da Niklo, da Niklo und da Bartl is do.
Und mir schaun, wo die Kina recht brav sein
und wos kinna (können);
Die Bravn, die kriagn roti Äpfelein,
Die Schlimmen, de foßn mar in die Butten ein!«

Und siehe, da tritt auch schon der Bartl hervor, der hat einen Pelz an und ist kohlschwarz im Gesicht, bis auf die rote Zunge, die heraushängt. Hörner trägt er auch und auf dem Rücken hat er die Butte und eine klirrende Kette!

Da müssen nun die Kinder laut beten oder etwas Gelerntes aufsagen. Der Bartl muß gewöhnlich unverrichteter Dinge abziehen, denn fängt die Sache auch wirklich an, bedenklich zu werden, so führt stets die Mutter ausgleichende Einsprache und die Sache ist geschlichtet. Aber des Bachbauers Hanserl hatte keine Mutter gehabt, die für ihn ein gutes Wort eingelegt hätte, er war ein Waisenknabe, und als der Bartl an dem Knaben seinen Mutwillen ausübte, entsetzte sich dieser so sehr, daß er die Fraisen bekam, und noch heute, nachdem er alt geworden, trägt er die Frucht des Nikolausabends mit sich herum – die fallende Sucht!

Da ist's dem Lechnerbuben glücklicher geraten, der hat den unheimlichen Gesellen, welcher mit dem Niklo gekommen, bei den Hörnern gepackt und ihm dieselben mitsamt der Maske herabgerissen, daß nichts übriggeblieben, als das gutmütige Antlitz des alten Einlegers.

Peter Rosegger

Wenn nun der Niklo und der Bartl wieder fort sind, ist den Kleinen ein Stein vom Herzen und sie wagen wohl gar im geheimen die Bemerkung zu machen, daß der Niklo geradeso eine Warze auf der Nase gehabt, wie der Ochsenknecht. Doch gibt dies keinen Anlaß zu irgendeinem Zweifel an der Heiligkeit des Niklo, und es wird im Laufe des ganzen übrigen Abends noch die strengste Sittsamkeit beobachtet.

Just vor dem Schlafengehen werden von jedem die kleinen Schuhe oder eine Kopfbedeckung an das Fenster gestellt, denn der Niklo geht nun in der Nacht zu allen Häusern, und weil er es den Schuhen oder Hüten ansieht, ob deren Eigentümer brav oder schlimm sind – füllt er dieselben je im Verhältnisse mit Obst, Lebzelten oder wohl auch mit Steinen und Tannenzapfen und legt obendrein noch eine zierlich geflochtene Birkenrute bei.

Das geht nun für die Kleinen, solange sie daran glauben, was nicht selten über das Kindesalter hinaus geschieht. Ich habe in meinem zehnten Jahre noch die Schuhe an das Fenster gestellt und war stets voll des frommen Preises für den heiligen Bischof Nikolaus, wenn ich meine Schuhe vollgepfropft fand mit Süßigkeiten.

Ich hätte wahrscheinlich noch länger an den Niklo geglaubt, wenn sie mir geglaubt hätten, daß ich noch an ihn glaubte. – Die Schuhe sind aber endlich leer geblieben.

Das Geheimnis des großen Steines

GEORG DREISSIG

EINES TAGES KAMEN MARIA UND JOSEF auf ihrem Weg nach Bethlehem an einen riesigen Stein. Der lag mitten auf der Straße und nötigte die Reisenden, sich entweder rechts oder links vom Weg durch das Gesträuch zu schlagen oder über den mächtigen Stein hinwegzuklettern. Es hatte mit diesem Stein aber seine besondere Bewandtnis. Als nämlich die Straße angelegt wurde, hatten sieben starke Männer all ihre Kraft anstrengen müssen, um ihn beiseite zu rollen. Als sie aber am folgenden Tag zu ihrer Arbeit zurückkehrten, lag der dicke Stein wieder auf seinem alten Platz, gerade so, als hätte er immer dort gelegen. Da schimpften und fluchten die starken Männer, spuckten dann in die Hände und machten sich noch einmal an die schwere Arbeit. Wieder rollten sie den großen Stein aus dem Weg – und wieder fanden sie ihn am folgenden Tag dort, wo er zuvor gelegen hatte. Diesmal schimpften die Männer vielleicht noch ärger als am Tag vorher. Dann machten sie sich aber noch ein drittes Mal ans Werk und schafften den Stein unter Aufwendung all ihrer Kräfte aus dem Weg. Als er jedoch am folgenden Tag wiederum an seinem alten Platz lag, als wäre er nie von dort fortbewegt worden, schimpfte keiner der Männer mehr, sondern sie fragten sich untereinander, was das wohl zu bedeuten habe. Da sie aber keine Antwort auf ihre Frage finden konnten, suchten sie einen heiligen Mann auf, der einsam im Wald hauste, und erzählten ihm von dem Stein, der immer wieder an die gleiche Stelle zurückkehrte. Der heilige Mann hörte ihnen aufmerksam zu, nickte dann verstehend und sprach zu ihnen: »Derjenige, welcher diesen

GEORG DREISSIG

mächtigen Stein aus dem Weg räumen soll, ist noch nicht erschienen. Laßt darum den Stein liegen, wo er ist, und überlaßt es dem, ihn fortzurollen, dem es bestimmt ist.« Die starken Männer folgten dem Rat, und so lag der riesige Stein mitten auf der Straße zum Leidwesen vieler Reisender.

Auch Maria und Josef hielten vor dem Stein inne. Natürlich konnte ihn Josef nicht einfach beiseite rollen, nicht einmal mit Hilfe des Eselchens. Als sie so sinnend vor dem Hindernis standen, schlug Josef wie von ungefähr mit seinem Wanderstab gegen den Stein. Es war nur ein ganz leichter Schlag, absichtslos geführt. Doch kaum hatte der Stab den Stein berührt, da sprang dieser entzwei. Die beiden Hälften fielen rechts und links an den Weg. Und nun konnte man sehen, daß der mächtige Stein im Innern voller Kristalle war, die jetzt im Sonnenlicht auf das Herrlichste funkelten.

Wenig später kam auch der heilige Mann des Wegs. Als er den zersprungenen Stein liegen sah und die Kristalle, die in seinem Innern glänzten, da leuchteten seine Augen auf. »Derjenige, dem es bestimmt war, den Stein aus dem Weg zu räumen, ist erschienen«, sprach er zu sich selbst, und Freude und Hoffnung erfüllten sein Herz.

2

Wundersame Nacht

Gekommen in die Nacht

FRIEDRICH RÜCKERT

Gekommen in die Nacht
der Welt ist Gottes Licht;
wir sind daran erwacht
und schlummern fürder nicht.

Wir schlummern fürder nicht
den Weltbetäubungsschlummer,
wir blicken, wach im Licht,
aufs Nachtgrau ohne Kummer.

Wo ist der Nächte Graun?
Es ist vom Licht bezwungen;
wir blicken mit Vertraun
ins Licht, vom Licht durchdrungen.

Daß wir durchdrungen sind
vom Lichte, dem wir dienen,
wir zeigen's dem Gesind
der Nacht in unsern Mienen.

In hellen Mienen macht
sich kund die Kraft des Herrn,
und wer nicht in der Nacht
kann leuchten, ist kein Stern.

Mit der Geburt Jesu Christi war es so: Maria, seine Mutter, war mit Josef verlobt; noch bevor sie zusammengekommen waren, zeigte sich, dass sie ein Kind erwartete – durch das Wirken des Heiligen Geistes.

Josef, ihr Mann, der gerecht war und sie nicht bloßstellen wollte, beschloss, sich in aller Stille von ihr zu trennen. Während er noch darüber nachdachte, erschien ihm ein Engel des Herrn im Traum und sagte:

Josef, Sohn Davids, fürchte dich nicht, Maria als deine Frau zu dir zu nehmen; denn das Kind, das sie erwartet, ist vom Heiligen Geist. Sie wird einen Sohn gebären, ihm sollst du den Namen Jesus geben; denn er wird sein Volk von seinen Sünden erlösen.

Dies alles ist geschehen, damit sich erfüllte, was der Herr durch seinen Propheten gesagt hat:

Seht, die Jungfrau wird ein Kind empfangen,
einen Sohn wird sie gebären,
und man wird ihm den Namen Immanuel geben;
das heißt übersetzt: Gott ist mit uns.

Als Josef erwachte, tat er, was der Engel des Herrn ihm befohlen hatte, und nahm seine Frau zu sich. Er erkannte sie aber nicht, bis sie ihren Sohn gebar. Und er gab ihm den Namen Jesus.

Matthäus 1,18–25

Als aber die Zeit erfüllt war, sandte Gott seinen Sohn, geboren von einer Frau und dem Gesetz unterstellt, damit er die freikaufe, die unter dem Gesetz stehen, und damit wir die Gotteskindschaft erlangen. Weil ihr aber Söhne und Töchter seid, sandte Gott den Geist seines Sohnes in unser Herz, den Geist, der ruft: Abba, Vater.

Galaterbrief 4,4–6

Vom Christkind

ADALBERT STIFTER

WENN DER TIEFE, WEISSE, MAKELLOSE SCHNEE die Gefilde weithin bedeckt und in heiteren Tagen die Sonne mit Glanz überhüllet, daß er allerwärts funkelt, wenn die Bäume des Gartens die weißen Zweige zu dem blauen Himmel strecken, und wenn die Bäume des Waldes, die edlen Tannen, ihre Fächer mit Schnee belastet tragen, als hätte das Christkindlein schon lauter Christbäume gesetzt, die in Zucker und Edelsteinen flimmern, so schlägt das Gemüt der Feier entgegen, die da kommen soll. Und selbst wenn düstere, dicke Nebel die Gegend decken oder in schneeloser Zeit die Winde aus warmen Ländern bleigraue Wolken herbeijagen, die Regen und Stürme bringen, und wenn die Sonne tief unten, als wäre sie von uns weg zu glücklicheren Ländern gegangen, nur zuweilen matt durch den Schleier hervorblickt, so würden fromme Kinder den Glanz durch den Nebel oder durch die bleigrauen Wolken ziehen sehen, wie das Christkindlein durch sie hindurchschwebt, wenn sie nur eben zu der Zeit hinaussähen, da das Christkindlein vorüberschwebt; denn das Christkindlein rüstet sich auch schon lange Zeit zu seinem Geburtstagsfeste, um den Kindern zu rechter Zeit ihre Gaben zu bescheren.

Unsere Großmutter hat uns Kindern oft davon gesagt. Sie hatte viele Sprüche, die unser Gemüt erfüllten und mit einer Art Gewalt überschütteten. »Sehet, Kinder«, sagte sie einmal, »so groß ist die Seligkeit im Himmel, daß, wenn von dem himmlischen Garten nur ein Laubblättchen auf die Erde herabfiele, die ganze Welt von der Süßigkeit vergehen müßte.« Und ein anderes Mal sagte sie zu mir: »Knäblein, so lange ist die Ewigkeit, daß, wenn die Weltkugel von lauter Stahl und Eisen wäre und alle tausend Jahre ein Mücklein käme und einmal ein Füßlein auf der Kugel wetzte, die Zeit, in welcher das Mücklein die ganze Kugel zu nichts gewetzt hätte, ein Augenblick gegen die Ewigkeit wäre.« Sie sagte, der Loritzbauer aus dem vorderen Göckelberge habe einmal den Glanz des Christkindleins gesehen, als er noch ein Knabe war. Gegen die Mitternachtsseite des Himmels erhob sich in der Andreasnacht ein Schein, und es war dann ein Bogen wie eine Brücke, wurde mit Schimmerbüschlein geziert, und es erblaßte die Brücke, und es war noch ein Schein in den Gegenden, durch welche das Kind gezogen war.

Und mancher Greis wird, wenn die Welt fahl und öde geworden ist, und wenn das Himmelsgewölbe ausgeleert worden ist und nur die fernen Sterne und die nahen Dünste enthält, noch in der Erinnerung den bunten Glanz sehen und eine matte Freude haben, daß er so selig geworden ist, als er ein Kind war.

Das Märchen vom Stern von Bethlehem

Ulrich Knellwolf

Als Gott die Welt und den Himmel machte, da machte er auch die Sonne, den Mond und die Sterne. Und als er mit all den großen Himmelskörpern fertig war, blieb ihm ein Klümplein Lehm übrig. Daraus machte Gott einen kleinen Stern und nannte ihn den Stern von Bethlehem. Die Sonne, der Mond und die Sterne eiferten um die besten Plätze im Weltall. Jeder wollte zuvorderst sein. Und jedes Mal, wenn der kleine Stern glaubte, für sich ein Plätzchen gefunden zu haben, kam ein größerer Stern und schickte ihn weg. So war der kleine Stern zuletzt zuhinterst im Weltall und sah nicht einmal mehr auf die Erde hinunter.

Wenn er auf seiner Umlaufbahn an der Sonne oder am Mond oder einem andern Stern vorbeikam, hörte er, wie sie wichtig miteinander redeten. »Ohne mich gäbe es überhaupt kein Leben auf der Erde. Auf mich freuen sich die Menschen jeden Morgen«, sagte die Sonne. »Und wenn ich nicht wäre, dann würden sich die Leute in der Nacht verlaufen«, sagte der Mond. Und auch die großen Sterne taten wichtig und meinten, ohne sie ginge es nicht auf der Welt.

War der kleine Stern in ihrer Nähe, dann grüßten sie ihn nicht einmal. Und manchmal hörte er, wie sie hinter seinem Rücken über ihn lachten und sagten: »Schaut diesen kleinen Kerl an. Das ist doch gar kein rechter Stern.« Dann flüchtete der kleine Stern wieder in seine Ecke. Er wurde traurig und dachte, wozu er überhaupt da sei. »Ich leuchte ja nicht einmal für jemanden; mich sieht kein Mensch. Gott hat mich vergessen«, sagte er vor sich hin. Und er versuchte sich zu trösten und hörte auf die Musik, die aus dem Himmel kam.

Eines Tages wurde es im Weltall plötzlich ganz hell. Dic Sonne flüsterte aufgeregt mit dem Mond und sagte: »Das ist ja ein viel helleres Licht, als ich machen kann.« Auch die Sterne tuschelten miteinander. Und einer sagte: »Das ist Gott.« Da sagten alle aufgeregt zueinander: »Gott kommt!« Und alle Sterne drängten sich nach vorn, um Gott zu sehen. Und jeder sagte: »Er kommt sicher zu mir.« Aber die Sonne und der Mond lachten und sagten: »Dummes Zeug! Zu uns kommt Gott, das ist doch klar.« Der kleine Stern hörte das Gerede auch, und er sah das helle Licht, das immer näher kam. Er drängte sich nicht so weit vor. »Zu mir kommt Gott bestimmt nicht. Dafür bin ich viel zu klein«, dachte er.

Dann hörte man eine gewaltige Stimme. Sie kam mitten aus dem hellen Licht und rief: »Stern von Bethlehem!« Der kleine Stern hatte ganz vergessen, daß er am Anfang von Gott so genannt worden war. Darum dachte er jetzt auch nicht daran, daß er gemeint sein könnte. Dafür meinten alle andern, sie seien gemeint. Und alle drängten sich vor, und jeder rief: »Da bin ich, Herr.« Aber die Stimme aus dem Licht sagte: »Wo ist der Stern von Bethlehem?«

Jetzt kam es dem kleinen Stern in den Sinn, daß das ja sein Name sei, und er sagte schüchtern und leise: »Da bin ich.« Die Sonne, der Mond und die Sterne drehten sich nach dem kleinen Stern um. »Du?«, fragte einer. Und die Sonne sagte: »Du bist ja nicht bei Trost. Das muß ein Irrtum sein.« Aber die Stimme aus dem Licht rief dem kleinen Stern zu: »Komm zu mir.«

Da ging der kleine Stern langsam auf das helle Licht zu. Er hatte ein wenig Angst. Er wußte ja nicht, was das zu bedeuten hatte. »Komm nur näher«, sagte die Stimme. Der kleine Stern sah Gott nicht. Er sah nur das helle Licht ohne Schatten, aus dem die Stimme kam. Der kleine Stern marschierte immer noch auf das Licht zu. Es war ein langer Weg. Endlich sagte die Stimme: »So, jetzt bist du nahe genug. Jetzt hör gut zu. Ich habe etwas Wichtiges für dich.«

»Etwas Wichtiges für mich? Für mich hatte noch nie jemand etwas

Wichtiges«, dachte der kleine Stern, aber er sagte nichts. Die Stimme aus dem Licht redete weiter: »Du weißt, wer ich bin?«

»Ja«, sagte der kleine Stern, »du bist Gott«.

»Ja«, tönte wieder die Stimme aus dem großen Licht, »Ich bin der ewige Gott. Und ich habe alles gemacht: den Himmel und die Sterne und die Erde und die Menschen darauf. Und auch dich, Stern von Bethlehem. So hör jetzt gut zu. Du kannst ja von deinem Platz aus die Erde nicht sehen. Aber ich sehe sie. Und ich sehe, daß die Menschen auf der Erde viel Angst haben und böse miteinander sind und Krieg gegeneinander machen. Darum will ich den Menschen helfen, denn ich habe sie gern. Ich will meinen Sohn den Menschen auf die Erde schicken. Er soll ihnen beistehen, damit sie nicht mehr soviel Angst haben und Frieden untereinander machen können. Dazu brauche ich dich. Du mußt den Menschen anzeigen, daß mein Sohn zu ihnen kommt. Du gehst jetzt ganz nahe an die Erde, daß alle Menschen dich sehen. Und dann leuchtest du und zeigst den Menschen den Weg und führst sie zu meinem Sohn, hast du alles verstanden?« Der kleine Stern hatte gut aufgepaßt. Er nickte. »Gut«, sagte die Stimme Gottes aus dem Licht. »Dann mach schnell und geh; es ist keine Zeit zu verlieren.«

Da drehte sich der kleine Stern um und rannte davon. Als die andern Sterne ihn fragen wollten, was Gott zu ihm gesagt habe, rief er nur: »Keine Zeit! Muß mich beeilen!« Und er raste gegen die Erde, so schnell, daß hinter ihm ein leuchtender Schweif am Himmel entstand. Der kleine Stern freute sich riesig, zum ersten Mal in seinem Leben die Erde zu sehen. Und er dachte, daß die Menschen gewiß froh seien, wenn er ihnen leuchte und den Weg zum Gottessohn zeige. Als er so nahe war, daß er auf die Erde schauen konnte, da sah er, wie schön es an vielen Orten war. Aber die Leute dort blickten nicht zu ihm empor. Sie liefen ihrer Arbeit nach, wollten viel Geld verdienen und mußten zu ihren Sachen schauen, daß niemand sie ihnen wegnahm.

Ulrich Knellwolf

Und da waren auch böse Orte. Da gab es Streit und Krieg. Und je näher der kleine Stern der Erde kam, desto deutlicher sah er, wie viel die Menschen miteinander stritten.

»Die haben ja gar keine Zeit für mich«, sagte der kleine Stern zu sich selber. Und er suchte einen andern Teil der Erde. Er sah Leute, die Hunger hatten. »Die warten auf mich«, dachte er. Aber auch die schauten nicht hinauf. Auch die waren nur mit sich selber beschäftigt. Da wurde der kleine Stern enttäuscht. »Vielleicht leuchte ich zu wenig hell«, dachte er. Er vergrößerte sein Tempo, damit sein Licht heller scheine und sein Schweif länger werde. Aber es nützte nichts. Es schien auf der ganzen Erde keinen Menschen zu haben, der sich für ihn interessierte. Er wollte schon aufgeben und in den Himmel zurückkehren.

Aber da sah er, weit hinten in der Welt, drei alte, weise Männer, die zu ihm hinaufschauten und mit den Armen auf ihn zeigten. Ihre Gesichter leuchteten vor Freude. »Wenigstens die sehen mich«, sagte der kleine Stern zu sich selber. Und er ging ihnen voran, und die drei Männer folgten ihm. Sie hatten noble Kleider an und trugen prächtige Geschenke bei sich. »Das sind sicher Könige«, dachte der kleine Stern. Es war eigenartig: Der kleine Stern wußte genau, welchen Weg er den drei Männern zeigen mußte. Dabei hatte er die Erde vorher noch gar nie gesehen. Der Weg war lang, viele Tage und Wochen. Und er führte durch viele Länder, und einmal sogar durch eine Wüste. Aber immer, wenn der kleine Stern zurückschaute, sah er, wie die drei Könige ihm nachliefen.

In einer Nacht sah er ein Licht unter sich. Es war mitten auf einem dunklen Feld. Viele Schafe waren auf dem Feld, und der kleine Stern sah, daß ein Engel mit den Hirten redete. Er hörte, wie der Engel zu den Hirten sagte: »Fürchtet euch nicht. Ich verkündige euch große Freude. Euch ist heute der Heiland geboren. Dort in der Stadt Bethlehem ist er.«

Da wußte der kleine Stern, warum ihm Gott den Namen »Stern von Bethlehem« gegeben hatte. Nach Bethlehem mußte er die Könige führen. Und er sah, wie die Hirten aufstanden und sich auf den Weg machten, wie die Könige.

Unter sich sah der kleine Stern jetzt das Städtchen Bethlehem. Er suchte einen Palast; denn in einem Palast müsse doch der Gottessohn sein, dachte er. Aber er fand keinen Palast. Wie von einem Magnet zog es ihn hinunter, und über einem Stall mußte er stehen bleiben. Durch die Löcher im Dach sah er in den Stall hinein. Zuerst sah er einen Ochs und einen Esel. Dann sah er zwei Menschen, einen jungen Mann und eine noch jüngere Frau. Und in einer Krippe lag ein neu geborenes Kind. »O je«, dachte der kleine Stern, »die haben für ihr Kind nicht einmal ein richtiges Bett. Dem Kind geht es auf der Erde fast so, wie es mir am Himmel gegangen ist, bevor Gott mich rief.«

Immer noch schaute der kleine Stern umher, ob der Gottessohn in der Nähe sei. Da sah er, wie die Hirten in den Stall hinein kamen und vor der Krippe auf die Knie fielen. Und dann kamen auch die drei Könige. Auch sie knieten vor dem Kind nieder und legten ihm ihre Geschenke in die Krippe. »Soll am Ende dieses Kindlein in der Krippe der Gottessohn sein?«, sagte der kleine Stern. Er war enttäuscht. Da kam ein ganzer Schwarm Engel dahergeflogen. Der kleine Stern rief den vordersten der Engel zu sich und fragte: »Ist das dort unten der Gottessohn?«

»Ja«, sagte der Engel.

»Aber so ein kleines Kind, wie kann das den Menschen helfen?«, fragte der kleine Stern. »Dazu braucht es doch einen mächtigen Mann.«

»Weißt du«, sagte der große Engel, »mächtige Männer gibt es auf der Erde genug. Und sie alle haben den Menschen nicht richtig geholfen. Was die Menschen brauchen, ist einer, der sie gern hat. Den schickt ihnen Gott heute. Aber jetzt müssen wir gehen. Wir sollen da unten spielen«, sagte der große Engel und flog davon. Und der kleine Stern sah, wie der Engelchor auf dem Dach des Stalles absaß, und er hörte ihn musizieren.

Ulrich Knellwolf

Viele Jahre blieb der kleine Stern nahe bei der Erde. Er konnte alles genau sehen: Wie Jesus aufwuchs, wie er von Johannes dem Täufer getauft wurde, wie er predigte und wie er Kranke heilte. Und dann sah er eines Tages auch, wie Jesus gekreuzigt wurde und starb.

Da war der kleine Stern traurig und kehrte in den Himmel zurück. »Gott wollte den Menschen helfen«, dachte er. »Jetzt haben die Menschen alles kaputt gemacht. Gott wird böse über sie sein.« Als der kleine Stern im Himmel ankam, rief Gott: »Stern von Bethlehem!« Der kleine Stern ging vor das große Licht. Und die Stimme Gottes sagte aus dem Licht: »Ich bin nicht böse über die Menschen, wie du meinst. Ich habe ihnen mit meinem Sohn gezeigt, daß ich sie gern habe. Und ich behalte sie gern. Bald schicke ich meinen Sohn wieder zu ihnen, aber mit Macht und Herrlichkeit, damit alle merken, wie gern ich sie habe. Du mußt dann wieder auf die Erde zurück und es den Menschen anzeigen. Bis dahin kannst du dich ausruhen. Ich rufe dich, wenn es Zeit ist.«

Erst jetzt merkte der kleine Stern, daß er müde war. Er ging an seinen Platz zurück. Aber alle Sterne und auch der Mond und sogar die Sonne behandelten ihn mit großem Respekt. An seinem Platz am Himmel schlief er zuerst einmal tüchtig aus. Und seit er wieder wach ist, wartet er darauf, daß die Stimme Gottes ihn ruft und ihn wieder zur Erde schickt, um den Menschen zu zeigen, daß der Gottessohn mit Macht und Herrlichkeit kommt und alle erlöst. Wer weiß, vielleicht kommt der Stern von Bethlehem schon bald wieder. Wir warten auf ihn und freuen uns darauf.

Wie Käthi Weihnacht feiert

JEREMIAS GOTTHELF

SO KAM WEIHNACHT HERAN, ein großer Tag im Volksleben wie im Leben der Menschheit. Es ist der Tag der Kinder. Durch ein Kind ward die sündliche Welt gesühnt und geheiligt; darum bringen die Erwachsenen den Kindern Gaben dar, Dankopfer, sichtbare Zeichen heiliger Gelübde, an den Kindern zu vergelten, was ein Kind an ihnen getan. Die Kinder freuen sich inniglich, es ist ein Gefühl in ihnen, daß sie die Heiligen der Eltern seien. Wo keine Kinder sind, fehlt oft der kindliche Geist, der nach oben zieht; nur zu gerne bemächtigt sich die Materie in hunderterlei Gestalt der Menschen und zieht sie nach unten. Kinder bleiben die Mittler zwischen Gott und den Menschen, verbinden und sühnen die Menschen miteinander. Ohne Kinder wäre die Welt eine Wüste, die Wandernden würden erst zu Tieren werden, dann verschmachten. Wo Kinder nicht eine Gabe Gottes sind, jedes ein Zug nach oben, wo Kinder erst eine Last sind, später Diener der Selbstsucht werden sollen, welche sich auch auf hundert Weisen formiert, da ist dem Volke der Himmel verhüllt, bei den Wurzeln fault es an. Weihnacht ist alten Leuten, was den Weisen im Morgenlande der Stern war, der ihnen erschien, der Stern, der ihnen den Heiland verkündete, sie auftrieb aus ihrer Ruhe, daß sie Schätze zusammenrafften, sich auf die Beine machten, um den König der Ehren zu suchen, ihn anzubeten. Weihnacht ist ihnen die heilige Nacht, welche sie weiht und stärkt, getrost zu treten in die Nacht des Todes; denn sie verheißt ihnen, daß in der Todesnacht ihnen das ewige Licht geboren wird, welches leuchtet zur Seligkeit. Und mit dem Kindlein, welches geboren wird, steigt die Sonne höher, die Nacht nimmt ab statt zu, der Tag mehret sich, und lieblicher wird es auf Erden. Aber der Tag nimmt wieder ab, steigt nicht für und für, bis er die Nacht verdrängt hat; die Nacht dehnt sich aus und geht dem Tag ans Leben, und wohl uns, daß das Jahr zu Ende geht, ehe die Nacht den Tag verschlungen, ein neues Jahr an die Stelle des alten tritt. Wie die Jahre sich ablösen, lösen die Geschlechter sich ab, und wohl uns; wie jedes Jahr von vorne beginnen muß, so jedes Geschlecht, so jeder Mensch, das vergesse man nicht! Und wie die Nacht ihre Grenzen hat und der Tag die seinen, so hat bei den Menschen die Barbarei ihre Grenzen, und wohl uns, wenn die Finsternis den Tag verschlungen, die menschliche Weisheit über alle Schranken steigt, zur Torheit wird, sagt Einer Halt, und zwischen Tag und Nacht ordnen sich die Grenzen wieder, wie eben Einer sie geordnet haben will.

Käthi freute sich immer sehr auf diesen Tag, aber wir möchten fast sagen, mit Furcht und Zittern, es war ihr geistiger Lostag. Der Bauer hat viele Lostage im Jahre, Tage, deren Beschaffenheit ihm deuten auf künftige Witterung, den Ertrag der verschiedenen Ernten. So zum Beispiel deuten vom kürzesten Tag weg die ersten zwölf Tage auf die Witterung der zwölf Monate; wenn an Alt- und Neulichtmeß die Sonne scheint, so wird jede Frucht reif, bis in den hintersten Bergwinkel hinein; wenn es am Agathetag schneit, so schneit es noch vierzig Male. Geht am Gregorstag (12. März) der Nordwind, so gibt es eine schlechte Heuernte; ist es am Urbanustag schlecht Wetter, so ist die Weinernte schlecht, und die Waadtländer schleppen ein Bild, welches den heiligen Urbanus vorstellt, im See herum, um ihm seine schlechte Vorsorge einzutränken. Solche Lostage sind eingestreut ins ganze Jahr. Fromme Frauen aber haben einen geistigen Lostag, und das ist Weihnacht. Wenn die zwölfte Stunde der Nacht geschlagen hat, oder wenn sie später erwachen durch die Nacht, so schlagen sie die Bibel auf und das Psalmenbuch, legen in beide ein Zeichen; und wenn der Tag anbricht, lesen sie die aufgeschlagenen Stellen, das Kapitel und den Psalmen, und je nachdem sie lauten, verheißend oder drohend, klagend oder lobpreisend, gehen sie freudig oder zagend ins neue Jahr hinein, Trübes gewärtigend oder Heiteres hoffend. Diese Sitte hatte auch Käthi, und wenn sie in der Nacht die heiligen Bücher aufschlug, erbebte ihr Herz in heiligem Schauer, als ob sie eine Offenbarung Gottes empfangen sollte. So hatte sie auch diesmal getan, und als sie am Morgen die bezeichneten Stellen aufschlug, fand sie in der Bibel bezeichnet das siebente Kapitel im Buche Hiob, allwo es heißt: »Hat nicht der Mensch eine bestimmte Zeit auf Erden, sind nicht seine Tage wie die Tage eines Taglöhners? Wie sich ein Knecht sehnet nach dem Schatten und ein Taglöhner auf seinen Lohn wartet, also habe ich eitle Monat zum Erbteil bekommen, und mühselige Nächte hat man mir bestellt. Wann ich mich lege, so spreche ich: ›Wann werde ich aufstehen?‹ Und wenn der Abend dahingeflogen ist, so werde ich satt von Hin- und Herwälzen bis an die Dämmerung. Mein Fleisch ist angezogen mit Würmern und Schollen des Staubes; meine Haut ist aufgerissen und zerflossen. Meine Tage sind leichter denn ein Weberspul und vergehen ohne Hoffnung. Gedenk, daß mein Leben ein Wind ist, und daß meine Augen nicht wiederkommen werden, zu sehen das Gute. Und daß mich auch das scharfsichtigste Auge nicht mehr sehen wird, ja, wenn auch deine Augen nach mir sehen werden, so werde ich nicht mehr sein. Eine Wolke vergehet und fähret dahin; also, wer ins Grab hinunterfähret, kommt nicht wieder herauf. Er kommt nicht wieder in sein Haus, und sein Ort kennet ihn nicht mehr. Darum will auch ich meinem Munde nicht wehren, ich will reden von der Angst meines Geistes, ich will klagen von der Betrübnis meiner Seele. Bin ich denn ein Meer oder ein Walfisch, daß du mich also verwahrest? Wann ich spreche: ›Mein Bette wird mich trösten, mein Lager wird von meiner Klage etwas benehmen‹, so erschreckest du mich mit Träumen und betrübest mich mit Gesichten, daß meine Seele wünschet, daß ich erhenkt werde, und den Tod mehr als mein Gebein. Ich verachte das Leben, ich werde nicht ewiglich leben. Höre auf von mir, denn meine Tage sind eitel. Was ist der Mensch, daß du ihn groß achtest, daß du dich mit ihm bekümmerst? Und daß du ihn alle Morgen heimsuchest, daß du ihn alle Augenblicke prüfest? Wie lange willst du dich nicht von mir wenden, wie lange nicht von mir ablassen? Habe ich gesündigt, was soll ich dir dann tun, o du Menschenhüter? Warum machest du mich zum Zweck, auf welchen du anlaufest, und bin mir selbst eine Last? Und warum vergibst du mir meine Übertretung nicht und nimmst nicht weg meine Missetat? Denn also würde ich nun in der Erde liegen, und wenn du mich schon frühe suchtest, so würde ich doch nicht da sein.«

So las Käthi, und ihrer Seele ward bange. Also sollte die Hand Gottes noch schwerer auf ihr liegen, bis sie zu sterben wünsche, ihr einziger Trost der sei, nicht mehr zu sein. Was wohl kommen werde, dachte sie, ob's der Hunger sei oder Johannesli sterben müsse oder eine grausame Krankheit sie überfalle? So dachte sie und weinte sehr, aber stille, daß Johannesli nicht erwachen möchte. Da dachte sie an das Psalmenbuch, daß da vielleicht ein Trost für sie sein möchte; sie streckte ihre Hand danach aus; aber die zitterte sehr, daß sie die Stelle fast nicht finden und aufschlagen konnte. Endlich schlug das Buch auseinander, und vor ihr lag der zweiundvierzigste Psalm, und in Angst zuckte ihr Herz, denn sie las:

> Ich erhebe meine Seele
> Mit Verlangen, Gott, zu dir,
> Wie nach einer Wasserquelle
> Ein Hirsch schreiet mit Begier.
> Nur nach dir, o Lebensgott,
> Dürstet sie in ihrer Not.
> Ach, wann werd ich dahin gehen,
> Wo ich kann dein Antlitz sehen?

Meine Nahrung ist das Klagen
Und das Weinen. Mir zum Spott
Hör ich meine Feinde fragen:
»Wo ist er, wo ist dein Gott?«
Traurig denk ich an die Zeit,
Da ich mich in Gott erfreut;
Da ich dankend ging, den Herren
Mit den Frommen zu verehren!

Seele, was willst du dich kränken
Und voll banger Unruh sein?
Hoff auf Gott, er wird dir schenken
Seines Trostes Gnadenschein.
Hoff auf ihn mit Zuversicht,
Denn sein holdes Angesicht
Gibt dir Freude, Heil und Leben!
Du wirst ihn mit Lob erheben.

Meine Seele ist betrübet,
Doch ich denke stets an dich,
Gott, den meine Seele liebet,
Siehe doch mit Gnad auf mich!
Wenn das Elend mich umringt,
Wenn das Unglück auf mich dringt,
Will ich gläubig zu dir beten,
Du, o Gott, wirst mich erretten.

Zu dir ruf ich nie vergebens;
Deine Güte, deine Macht
Will ich rühmen, Gott des Lebens,
Und dich preisen Tag und Nacht.
Wie, vergissest du mich gar?

Jeremias Gotthelf

Soll ich trauern immerdar,
Wenn die Feinde spottend sagen:
»Ist dein Gott auch zu erfragen?«

Meine Seele, sei nur stille,
Bleib getrost und zage nicht!
Hoff auf Gottes Gnadenfülle
Und sein liebreich Angesicht!
Du wirst in der Ewigkeit
Gott und seine Freundlichkeit,
Seine Hülf- und Liebesproben
Einst mit frohem Danke loben.

So las sie, und ihr Herz bebte fort; doch rieselte durch die bittere Angst ein süßer Trost, daß, was kommen möge, Gott bei ihr bleiben und alles zum Besten lenken werde, so daß ihre Seele wieder froh werden und Gott loben und preisen könne, daß er sie so geführt und nicht anders. Und sie betete innig zu Gott und dankte ihm für alles Gute, so er ihr bis dahin erwiesen, und bat, daß der Kelch nicht zu bitter sein oder an ihr vorübergehen möge, »doch nicht mein Wille geschehe, sondern dein Wille!«, daß, komme was da wolle, keine Kreatur, keine Drangsal, keine Not sie von seiner Liebe scheiden möge, sondern daß sie ihrem Heiland eigen bleibe im Leben und im Sterben, mit Leib und Seele, in Zeit und Ewigkeit.

Johannesli erwachte, während das Licht noch brannte; die Weihnachtsfreude hatte ihn geweckt. Die glücklichen Kinder, sie werden durch Freude und freudige Erwartungen aufgeweckt, das Alter durch Bangen und Kummer. Wer erinnert sich nicht an die goldenen Tage, wo er nicht schlafen konnte, weil am Morgen Bescherung war, eine kleine Reise bevorstand oder was Neues ins Leben trat! Das waren die Tage, wo die Menschen uns noch nicht Spießruten jagten durch Examen, Gott es noch nicht nötig fand, uns zu examinieren, ob wir fromm und standhaft genug für das ewige Leben seien. Freilich war die Bescherung, welche Johannesli zu hoffen hatte, nicht groß, nicht viele Kreuzer kostete sie; aber auf die Größe, auf die Kostbarkeit kommt es nicht an, ob die Freude groß oder klein sei, sondern auf das Gemüt, welches sie empfängt, so wenig als das sogenannte Glück bedingt wird durch sogenannte große Glücksgüter. Das wahre Glück, welches das Wasser nicht nimmt, der Hagel nicht verhagelt, hat einen ganz andern Grund. Splendide, große, stolze Herren und Damen sieht man dick in Palästen und auf Schlössern; aber glückliche, he – das ist was anders! Gar mancher Herr mit sieben Sternen auf der Brust und gar manche Dame, splendid und elegant vom Teufel, rauschen daher, als ob die Glücksgöttin ihre Patin wäre, und machte der Schönlein ihnen ein Loch ins Herz, so täte lauter Gift und Galle herausspritzen und kein einzig Tröpflein Glück und Friede. »Chlei Ding freut dChing«, sagt das Sprichwort. Wohl denen, welche in ihren Kindern den Sinn bewahren, daß kleine Dinge sie freuen, wohl denen, welche in ihren Herzen den Sinn bewahren, daß auch sie freut, was die Kinder freut; denn den Kindern gehört das Himmelreich, und wenn wir nicht wie sie werden, so haben wir nur Teil an der Welt, und die Welt ist eng, und der Sinn, der die Welt liebt, ist unersättlich und findet kein Genügen, und wo kein Genügen ist, da ist kein Glück, da ist keine Freude.

Was aber Johannesli für eine Freude hatte über seine Bescherung, so wird sie wirklich selten gefunden auf Erden. Die Bescherung bestand aus acht Nüssen, welche einen Kreuzer gekostet hatten, einem bezuckerten Schäfchen, dessen Schwanz ein Pfeifchen war, es kostete zwei Kreuzer, einem Lebkuchen für zwei Kreuzer, summa summarum fünf Kreuzer; dabei lag noch ein Semmelring, so genannter Weihnachtsring, welchen die Bäckerin Käthi geschenkt hatte. Das war eine unendliche Freude, ein Glück über alle Worte, und auch Käthi nahm teil an diesem unendlichen Glücke, während immerfort Tränen ihr über die Backen rieselten und sie denken mußte: »Ach Gott, du armes

Bubi, wenn du wüßtest, was ich weiß, und wo bist du wohl übers Jahr?«

Als der erste Rausch des Kleinen vorüber war, der graue Tag durch die Fenster guckte, rief der Kleine: »Großmüetti, habe dir auch was, rate mal!« Aber die Großmutter konnte nicht raten, da holte der Kleine in großem Triumphe zwei Eier, welche in der Großmutter Abwesenheit gelegt worden waren, und welche er versteckt hatte, um ihr auch eine Freude zu bereiten. »Sieh, Großmüetti, sieh, zwei Eier, und wie schöne und wie große! Daraus machst du heute Eierbrot zum Kaffee, und darin kannst den Leuten sagen, daß ich dir auch das Weihnachtskindlein habe kommen heißen.«

Ach, wie manches Kind bittet so innig: »Vater, laß mir doch das Weihnachtskindlein kommen!« und wie manches Kind danket innig, daß ihm dieser Wunsch erfüllt worden, und die Eltern freuen sich der Freude der Kinder, und ihr Gewissen rühmet sie, daß sie den Kindern gute Eltern sind, so viele Freuden ihnen bescheren. Aber Leute, klebt nicht an Zeichen, treibt nicht Kindisches, gedenket an das, was das Zeichen bedeutet, und an das Himmelreich, welches vom wahren Weihnachtskindlein den Kindern beschert wurde, und welches Vater und Mutter ihren Kindern öffnen sollen, das wahre Weihnachtsgärtlein, in dessen Mitte der Tannenbaum voll Lichter und ohne Schlange. Das Weihnachtskindlein kommen heißen in Zuckergebäcken und buntem Spielzeug und das wahre Weihnachtskindlein, das vom Himmel kam und zum Himmel führt, verleugnen, den Kindern es verbergen, goldene Schäfchen bescheren und um das Lamm, welches der Welt Sünden trug, sie betrügen, heißt das nicht, den Kindern Steine, Schlangen bieten, Brot und Fische ihnen vorenthalten, mit Kindischem sie kindisch machen, die Augen blenden für das Ewige, den Stamm verstümmeln, der zum Himmel wachsen soll, zum Zwergbaume, der nicht von der Erde will? Das Weihnachtskindlein kommen lassen und die Kindlein nicht weihen in der heiligen Nacht dem ewigen Heiland, der um ihretwillen ein Kind geworden, das heißt, geblendet und kindisch geworden zu sein, die Augen versengt zu haben an der Afterweisheit des Tages, wie die Mücken die Flügel am Lichte versengen, dasselbe für die Sonne haltend, welche sie geboren.

So war es aber bei Käthi wirklich nicht, sondern sie mußte dem Kinde erzählen vom rechten Weihnachtskindlein, das in Bethlehem geboren worden in einem Stalle …

So verfloß ihnen der Morgen, da Käthi diesmal schlechten Weges wegen nicht in die Kirche sich wagte und ja auch den Heiland zu Hause hatte und nach ihrem Vermögen mit dem wahren Christkinde das Kind zu bescheren suchte. Auch war wohl der Gedanke im Hintergrunde, sie wollten beieinander sein, solange sie könnten; es wisse kein Mensch, wie lange es währe, sie habe Ursache zum Glauben, nicht mehr lange …

Jeremias Gotthelf

Die Krippe

Hans Carossa

Das Krippchen wuchs langsam. Ein breites Fenstergesims war mir überlassen; aber eine Woche verging, und immer lagen dort erst ein paar Hölzer und Stäbe, etwas Moos und jenes flimmernde Granitstück, das ich im Glauben an seinen unermeßlichen Wert beim Umzug aus Königsdorf mitgenommen hatte.

Nach langem Brüten fiel mir ein, daß vor allem Himmel und Gebirg entstehen müßten. In einem Schrein der Mutter befanden sich große Bogen feinen Papiers von einem durchscheinend lichten und fernen Blau, damit schlug ich den oberen Teil des Fensters aus und schuf eine heilige Düsternis, welche tief unten durch blaugraues Pappegebirg zu hintergründiger Nacht verdichtet wurde. Körperhafter waren die Vorberge: verhärtete Baumschwämme, auf denen schon Häuschen und Bäumchen angebracht werden konnten. Mitten unter den Schwämmen stand der Granit; in diesem sah ich Schwerpunkt und magnetisches Geheimnis der Landschaft, was ich aber niemandem verriet. Schmaler Wald aus kleinen Föhrenzweigen bedeutete den Übergang vom Höhenlande zur Ebene. Um einen würdigen Boden zu bereiten, löste ich vom feuchten Holze, das die Magd zum Ofen schleppte, die Rinden ab, machte sie flach und legte sie nebeneinander; manche waren mit lockigen oder geweihig verzweigten Moosen geschmückt, manche mit feinem Pilz wie mit Grünspan angelaufen.

Roh gefügt standen auch Stall und Krippchen bald im Vordergrunde; nun aber stockte die Ausführung, es fehlte viel, was nicht so leicht zu beschaffen war. Und nun begann ich mit behaglicher Wut elsternhaft alles heimzusammeln, was ungefähr nach meinen Zwecken aussah: Scherben, Kiesel und bunte Stoffe, ja, ein Bauernjunge, der in der Schule vor mir saß, mußte sich's gefallen lassen, daß ich seiner dicken, schwarz- und rotgestreiften Winterjoppe entzupfte, was an farbiger Wolle nur herauszubringen war. Da er sich verwundert umdrehte, flüsterte ich ihm zu, daß das Tröglein des Christkindes damit ausgepolstert werden solle; gutmütig ließ er sich weiterzausen, ja, brachte mir am nächsten Tag einen bläulichen Häherfittich, damit, meinte er, sollte ich die Heiligen Könige aufputzen. Woher ich Könige, woher überhaupt Figuren nehmen sollte, wußte ich nicht, vertraute aber, daß sie zur rechten Zeit schon kommen würden. Abbildungen auszuschneiden und an Brettchen geklebt aufzustellen, hatte die Köchin geraten und mich damit sehr beleidigt. Denn nach leibhaftigen Gestalten verlangte mich, nicht nach bemalten, papierenen, die mich in Verlegenheit brachten, wenn jemand sie von der Seite oder von hinten betrachten wollte. Von nun an wurde ich mißtrauisch gegen fremde Hilfe, und wenn jemand mir seinen Rat aufdrängen wollte, zog ich einfach die großen gelben Fenstervorhänge hinter mir zusammen und machte Werk und Werker unsichtbar.

Sobald aber der Geist auf ein Ziel gerichtet ist, kommt ihm vieles entgegen; ferne Gedanken und Schatten entlaufen ihren Gefügen und eilen ihm zu. Plötzlich fielen mir die Pflanzen ein, die namenlos in der Gartenecke standen; ich lief hinab und sah, daß sie noch grünten; hatte ich ihnen doch gleich etwas Winter-Überdauerndes abgewittert. Die Schäfte waren stärker, die Blätter gestreckter, die Kerben zu augenartigen Wülstchen geworden, die Palmenform unverkennbar. Es hielt nicht leicht, sie samt ihren Wurzelstücken aus dem gefrorenen Boden zu graben, aber wie heilig fremd machten sie mir dafür meine Landschaft!

Am andern Morgen kam jener verunglückte Bauer, um dem Vater die Rechnung zu bezahlen, zeigte den gesundeten Arm, rief mich herbei und stellte ein Leiterwägelchen mit Planendach auf den Tisch, dazu die schönsten holzgeschnitzten Schäfchen, Pferdchen und andere Tiere. »Es ist für die heilsame Haut«, lachte er und klopfte mir auf die Schulter; ich aber nahm die ganze mit eigenem Fleisch und Blut erkaufte Pracht und stellte sie guten Gewissens im Krippchen auf.

In einer Legende war vorgekommen, daß bei der Geburt Jesu der böse Feind aus Wut und Schrecken über das nahe Ende seiner Herrschaft sich winselnd und heulend in den hintersten Höllenwinkel verkrochen habe. Dies war bildhaft einleuchtend. Ich besaß einen hölzernen Kasperl; nichts war leichter, als einen Teufel aus ihm zu machen, und dabei kam Freundin Fledermaus, die nun schon so lange nutzlos im Spiritus schwamm, zu hohen Ehren. Stracks wurden ihr die Flügel abgeschnitten, die guttaperchadünnen Flughäute so weit wie möglich ausgespannt und an Satans rotes, aus Zaubermantelresten zusammengeflicktes Kleid genäht, das übrige Tier aber, das jetzt nur noch eine gemeine Maus war, verbrannt. Unter dem Fensterbrettchen war zum Auffangen des Regenwassers ein Blechkästlein in die Mauer eingelassen, das man an einem Porzellanknopf herausziehen konnte, wodurch ein unheimlicher dunkler Schacht entstand. Hierher wurde der Erzfeind verwiesen; hier krümmte er sich vom Glanz des Heils zur Finsternis hinweg und grinste mit geröteten Augen und spitzer Scharlachzunge nach oben.

So lebte denn der Böse; die Guten aber und das göttliche Kind, wo war ein Stoff zu diesen? Daß die lieblichen und ernsten Gesichtchen in der Kirche aus Wachs bestanden, wußte ich und ließ mir nun von der Mutter das reine Bienenwachs, das Geschenk der Nachbarkinder, aushändigen; es schien mir für Jesuskind, Maria, Joseph und die Könige gerade hinzureichen. Eines Tages wagte ich's und versuchte, das Antlitz Marias zu formen, das mir unsagbar heilig vorschwebte. Nun aber brachen schreckliche Stunden herein. Zwar war ich nicht ungeschickter, als ein Neunjähriger sein darf, und was unter meinen Fingern wurde, gemahnte wohl ungefähr an menschliches Gesicht; von der Holdseligkeit jedoch, die mich an den Vorbildern entzückt und erbaut hatte, gewannen meine Geschöpfe keinen Hauch. Zuerst bemerkte ich mit Kummer, daß das Wachs nicht lange sein zartes Weiß behielt, sondern mehr und mehr zu bleichem Grau verkam. Was mich aber wie Gegenwirkung einer feindlichen Gewalt entsetzte, das waren die niederträchtig häßlichen Gesichtszüge, mit welchen meine Püppchen mich anschielten, ich mochte mich stellen, wie ich wollte. Je mehr ich eiferte, ihnen ein frommes, anmutiges Wesen zu verleihen, desto mehr entarteten sie mir unter der Hand zu Hexen und Galgenvögeln. Auf einmal warf ich die sämtlichen begonnenen Köpfe zu Boden und hub ein solches Toben und Weinen an, daß erschrocken die Mutter hereinlief. Sie sah, daß mir Blut von der Schläfe herabrann, und fragte, was das bedeute. Nun merkte ich selber erst, daß ich mich in meiner Wut mit den Nägeln aufgekratzt hatte.

Ich antwortete nicht, stand auf und überließ mich aufs Neue meinen Tränen. Sie fragte nichts weiter. Die mißgeformten Larven, die sie herumliegen sah, gaben der Kundigen Auskunft genug. Sie nahm einige der unseligen kleinen Häupter zur Hand, betrachtete sie lächelnd, legte sie wieder fort und wusch mir das Blut vom Gesicht. Hierauf fragte sie, wie ich mit meinen Schularbeiten stände. Als sie merkte, daß ich an diese trotz der späten Stunde noch gar nicht gedacht hatte, rief sie mir zu:

»Es ist eine heilige Zeit! Sei fleißig in der Woche, so wirst du am Sonntag Freude haben!«, und verließ das Zimmer.

Wie eine Verheißung hatte das geklungen; ich fühlte jäh die innigste Gewissheit, daß etwas für mich geschehen werde, und wandte mich getröstet meinen Büchern zu, spielte von nun an auch wieder öfter auf der Straße und begnügte mich, meine Landschaft noch mit manchem auszustatten.

Aber die Woche war lang, und in der Nacht vor Mittwoch sah ich im Traum den Onkel Georg durch meine Schlafkammer gehen. Er hatte den Zaubermantel an, aus dem aber große Stücke herausgeschnitten waren. In der Hand hielt er eine der Porzellanschalen, worin mein Vater Salben zu reiben pflegte, kam damit auf mich zu und sagte: »Bist du da, Figurenmeister?«, nahm sodann zwei, drei Klümpchen eines rötlich weißen Gemenges aus der Schale, gab sie mir und befahl mir, ein schönes Kind daraus zu machen, worauf er sich durch die Türe hinausbegab. Ich drückte und knetete ein Weilchen an dem Zeug herum und hatte plötzlich ein wunderhübsches Männchen in der Hand. Im selben Augenblick erwachend, sah ich, daß im Ofen bereits Feuer brannte, sprang mit einem Satz aus dem Bett, nahm den Rest von Wachs, der auf dem Gesimse lag, und kauerte mich in den Feuerglanz, voll Glauben, daß mir als Wachendem gelingen müsse, was ich eben im Schlaf so vortrefflich gekonnt hatte. Noch spürte ich die formenden Bewegungen des Traumes in den Fingerspitzen, aus dem Ofen drang starke Wärme, die den Stoff erweichen half, und was in wenigen Minuten zustande kam, war gerade kein schönes, aber doch ein deutliches und angenehmes Gesichtchen; ich brauchte nur den Kopf mit etwas brauner Wolle zu umgeben, Augen, Lippen und Nasenlöcher anzuzeichnen und die Wangen mit zwei Tropfen roten Weines zu färben, so konnte es für einen jugendlichen Hirten wohl hingehen.

Ich weckte Vater und Mutter und holte am Nachmittag auch Eva herbei, um ihr den ersten, selbst erschaffenen Menschen zu zeigen, den ich als den meinen anerkannte. Sie fand ihn nicht übel; nur Kleid und Hut schienen ihr zu mißfallen, sie ordnete lange daran herum, nahm dann Faden und Nadel und hatte bald alles mit solchem Geschick zusammengelegt und geheftet, daß ich nicht anders konnte, als es zu loben. So war mein Vorsatz, alles allein zu tun, leidlich durchbrochen, und künftig sträubte ich mich immer weniger, Hilfe von anderen anzunehmen.

Heiligabend

Luise Rinser

Wir wohnten in Rostock, im Winter vor seiner Zerstörung, es war ein eisiger Winter, ein russischer Winter mit Ostwind, der mit Messern nach einem warf. Einen solchen Wind gab es bei uns daheim im südlichsten Süden Deutschlands nicht. Fremd war die Stadt und feindlich, und es war Krieg, und die Engländer hatten es mit ihren Bomben auf die Heinkel-Flugzeugwerke abgesehen, die nahe lagen. Es war Krieg. Ich hatte zwei ganz kleine Kinder, Kriegskinder beide. Der Mann war noch daheim, »U.K. gestellt«, wie man sagte. Ich richtete den Christbaum, hängte die Kugeln dran, die mit mir aus meiner Chiemsee-Kinderzeit hierher gereist waren ins Exil. Mein Mann half mir, und plötzlich sagte er ganz beiläufig: »Ich soll morgen für zwei Tage nach Berlin fahren.« Mehr sagte er nicht, und schon das Wenige war zu viel. »Fahr du nur«, sagte ich freundlich, aber die das sagte, war schon nicht mehr ich. Wir schmückten den Baum fertig, als wäre nicht Krieg und nicht diese Fahrt nach Berlin. Dann kochte ich den Kindern ihren Brei, übergab sie dem Mädchen, zog mich an und ging fort, ganz leise, unbemerkt.

Es war Heiligabend nach dem Kalender, und in unsrer Straße, Kölnerstraße, gab es schon brennende Kerzen an Christbäumen hinter vorhanglosen Fenstern. Ich ließ die Stadt hinter mir, schlug mich durch den Stadtwald oder wie sie das trostlose, windbrüchige Buschland nannten, und fand mich auf einem Feldweg, der steinhart gefroren war. Ich war ganz allein in der Dunkelheit. Nicht einmal Bomber waren unterwegs in dieser Nacht, nicht einmal sie, die mir Angst hätten machen können um meine Kinder und also mich hätten erfahren lassen, daß ich lebte. Nicht einmal mehr Angst hatte ich. In der Eiskälte war mein Schmerz gefroren. Schmerzlos, eine Gestorbene, wanderte ich dahin. Ich weiß heute nicht, wohin ich damals gehen wollte, aber ich weiß, daß ich einfach gehen mußte, ins Ungewisse, auf Nimmerwiederkehr, so meinte ich wohl, wenn ich überhaupt etwas dachte und meinte. Das Gehen war alles, was geschehen konnte mit mir.

Lange war ich so gegangen, da tauchten aus dem Dunkel ein paar Katen auf. Eine Tür öffnete sich, man hatte meine Schritte gehört auf dem harten Feldweg. Eine Frau rief: »Veronika!« Es war keine Frage, es war Sicherheit, daß die, die da kam, Veronika war. Ich rief zurück: »Es ist nicht Veronika.« Ein Lichtstreif aus der offenen Tür erreichte mich. Die Frau rief aus: »Aber wo wollen Sie denn hin? Da kommt kein Haus mehr, da ist der Weg zu Ende.« »Ja«, sagte ich, es leuchtete mir ein, daß der Weg zu Ende war. Aber die Frau bewachte das Ende dieses Wegs. »Kommen Sie herein«, sagte sie befehlerisch, und ich gehorchte. Es war eine kleine Kate, mehrere Leute saßen an einem eisernen Ofen, und einer sagte es dem andern, daß Veronika nicht gekommen sei. »Jetzt kommt sie nicht mehr«, sagte einer, dann war es still. Aber die Frau wollte es mich nicht entgelten lassen, daß ich nicht Veronika war. »Macht Platz!«, befahl sie, und sie taten es. Man nahm mir den Mantel ab und gab mir einen heißen Grog. Ich trank und wurde schläfrig. Es war gut so. Ich war nicht mehr allein, ich saß in einem warmen, stinkenden Nest, dicht bei dicht mit Menschen, die mich nichts fragten, die alles errieten, was es da zu erraten gab, wenn eine junge Frau am Heiligabend mutterseelenallein übers Feld läuft und nichts sagt. Man hätte mich sollen einschlafen lassen. Aber nach einer Weile, die man mir gewährte, sagte die Frau: »Jetzt wird es aber Zeit. Ich bring Sie zurück, wir haben einen kleinen Wagen und ein Pferd. Sie kommen doch sicher aus der Stadt. Da sind sie mindestens drei Stunden gelaufen!« Sie hatten keinen Christbaum, kein Heiligenbild, keine Krippe und keine Sentimentalität, aber sie sagten: »Es ist Weihnachten«, und sie hatten mich anstelle von Veronika aufgenommen und hatten mir eine Flasche Wacholder geschenkt, und nun wiesen sie mir den Weg zurück, dorthin, wohin ich rechtens gehörte. An der Deichsel des Wägelchens hing eine Sturmlaterne, und das Pferdchen trabte, so gut es konnte, in den tiefen, harten Fahrrinnen. Die Frau sagte manchmal: »Tscha, so ist das Leben.« Aber sie fragte mich nichts. Und manchmal sagte sie: »Aber es geht alles vorüber.« Ich nahm es hin wie den Spruch einer Sibylle.

Am Stadtrand stieg ich ab, sie sollte meine Adresse nicht wissen. Sie nahm kein Geld für ihren Dienst, aber sie sagte zum Abschied streng: »Weglaufen nützt nichts, junge Frau!« Ich ging langsam nach Hause. Am Schreibtisch saß mein Mann, den Kopf in der linken Armbeuge, schlafend wie ein Schulbub. Ich streichelte ihn, die Haare klebten ihm in der Stirn, er hatte geschwitzt. Er fuhr hoch. Es war weit über Mitternacht. Vor ihm lag ein Berg selbst gedrehter Zigaretten, sie lösten sich schon auf. Wir schauten uns an, dann sagte ich: »Komm, wecken wir den Kleinen, er soll die Kerzen sehen. Den Allerkleinsten lassen wir schlafen.« Der Kleine, sofort wach, war entzückt von dem ungewohnten Licht, von der ungewohnten Stunde. Er selbst war das Licht dieser Stunde. Der Todesengel zog sich langsam aus mir zurück in einem Streifen eisiger Kälte, bedauernd zog er sich zurück, aber im Hinausgehn warf er einen Blick auf meinen Mann, zögerte und zeichnete dann ein kleines Kreuz in die Luft über ihm. Es schimmerte kurz auf im Kerzenlicht, dann verging es vor dem Lachen unseres Kindes, das sich der ersten Weihnacht freute.

Luise Rinser

Puppenspiel am Weihnachtsabend

Johann Wolfgang von Goethe

Es war einige Tage vor dem Christabend 174 –, als Benedikt Meister, Bürger und Handelsmann zu M –, einer mittleren Reichsstadt, aus seinem gewöhnlichen Kränzchen abends gegen Achte nach Hause ging. Es hatte sich wider die Gewohnheit die Tarockpartie früher geendigt, und es war ihm nicht ganz gelegen, daß er so zeitlich in seine vier Wände zurückkehren sollte, die ihm seine Frau eben nicht zum Paradiese machte. Es war noch Zeit bis zum Nachtessen, und so einen Zwischenraum pflegte sie ihm nicht mit Annehmlichkeiten auszufüllen, deswegen er lieber nicht eher zu Tische kam, als wenn die Suppe schon etwas überkocht hatte.

Er ging langsam und dachte so dem Bürgermeisteramte nach, das er das letzte Jahr geführt hatte, und dem Handel und den kleinen Vorteilen, als er eben im Vorbeigehen seiner Mutter Fenster sehr emsig erleuchtet sah. Das alte Weib lebte, nachdem sie ihren Sohn ausgestattet und ihm ihre Handlung übergeben hatte, in einem kleinen Häuschen zurückgezogen, wo sie nun vor sich allein mit einer Magd bei ihren reichlichen Renten sich wohl befand, ihren Kindern und Enkeln mitunter was zu Gute tat, ihnen aber das Beste bis nach ihrem Tode aufhub, wo sie hoffte, daß sie gescheiter sein sollten, als sie bei ihrem Leben nicht hatte sehen können. Meister war durch einen geheimen Zug nach dem Hause geführt, da ihm, als er angepocht hatte, die Magd hastig und geheimnisvoll die Türe öffnete und ihn zur Treppe hinauf begleitete. Er fand, als er zur Stubentüre hinein trat, seine Mutter an einem großen Tische mit Wegräumen und Zudecken beschäftigt, die ihm auf seinen Guten Abend mit einem Du kommst mir nicht ganz gelegen, antwortete; weil du nun einmal da bist, so magst du's wissen, da sieh, was ich zurecht mache, sagte sie und hob die Servietten auf, die übers Brett geschlagen waren, und tat zugleich einen Pelzmantel weg, den sie in der Eile übern Tisch gebreitet hatte, da nun denn der Mann eine Anzahl spannenlanger, artig gekleideter Puppen erblickte, die in schöner Ordnung, die beweglichen Drähte an den Köpfen befestigt, nebeneinander lagen und nur den Geist zu erwarten schienen, der sie aus ihrer Untätigkeit regen sollte. Was gibt denn das, Mutter? sagte Meister. – Einen heiligen Christ vor deine Kinder! antwortete die Alte; wenn's ihnen so viel Spaß macht als mir, eh' ich sie fertig kriegte, soll mir's lieb sein. Er besah's eine Zeitlang, wie es schien, sorgfältig, um ihr nicht gleich den Verdruß zu machen, als hielte er ihre Arbeit vergeblich. Liebe Mutter, sagte er endlich, Kinder sind Kinder. Sie macht sich zu viel zu schaffen, und am Ende seh' ich nicht, was es nutzen soll. – Sei nur stille, sagte die Alte, indem sie die Kleider der Puppen, die sich etwas verschoben hatten, zurechtrückte, laß es nur gut sein, sie werden eine rechte Freude haben, es ist so hergebracht bei mir, und das weißt du auch, und ich lasse nicht davon; wie ihr klein, wart ihr immer drin vergakelt und trugt euch mit euern Spiel- und Naschsachen herum die ganze Feiertage; euere Kinder sollen's nun auch so wohl haben, ich bin Großmutter und weiß, was ich zu tun habe. – Ich will Ihr's nicht verderben, sagte Meister, ich denke nur, was soll den Kindern, daß man's ihnen heut oder morgen gibt; wenn sie was brauchen, so geb' ich's ihnen, was braucht's da heiliger Christ zu? Da sind Leute, die lassen ihre Kinder verlumpen und sparen's bis auf den Tag. – Benedikt, sagte die Alte, ich habe ihnen Puppen geputzt und habe ihnen eine Komödie zurechte gemacht. Kinder müssen Komödien haben und Puppen. Es war euch auch in eurer Jugend so, ihr habt mich um manchen Batzen gebracht, um den Doktor Faust und das Mohrenballett zu sehen; ich weiß nun nicht, was ihr mit euern Kindern wollt, und warum ihnen nicht so gut werden soll wie euch.

Johann Wolfgang von Goethe

Wer ist denn das? sagte Meister, indem er eine Puppe aufhub. Verwirrt mir die Drähte nicht, sagte die Alte, es ist mehr Mühe, als Ihr denkt, bis man's so zusammen kriegt. Seht nur, das da ist König Saul. Ihr müßt nicht denken, daß ich was umsonst ausgebe; was Läppchen sind, die hab' ich all' in meinem Kasten, und das bißchen falsch Silber und Gold, das drauf ist, das kann ich wohl dran wenden. – Die Püppchen sind recht hübsch, sagte Meister. Das denk' ich, lächelte die Alte, und kosten doch nicht viel. Der alte lahme Bildhauer Merks, der mir Interesse schuldig ist von seinem Häuschen so lang, hat mir Hände, Füße und Gesichter ausschneiden müssen, kein Geld krieg' ich doch nicht von ihm und vertreiben kann ich ihn nicht, er sitzt schon seit meinem seligen Mann her und hat immer richtig eingehalten bis zu seiner zwoten unglücklichen Heurat. – Dieser in schwarzem Samt und der goldenen Krone, das ist Saul? fragte Meister; wer sind denn die andern? – Das solltest du so sehen, sagte die Mutter. Das hier ist Jonathan, der hat Gelb und Rot, weil er jung ist und flatterig, und hat einen Turban auf. Der oben ist Samuel, der hat mir am meisten Mühe gemacht mit dem Brustschildchen. Sieh den Leibrock, das ist ein schieler Taft, den ich auch noch als Jungfer getragen habe. – Gute Nacht, sagte Meister, es schlägt just Achte. – Sieh nur noch den David! sagte die Alte. Ah der ist schön, der ist ganz geschnitzt und hat rote Haare; sieh, wie klein er ist und hübsch. – Wo ist denn nun der Goliath, sagte Meister; der wird doch nun auch kommen. – Der ist noch nicht fertig, sagte die Alte. Das muß ein Meisterstück werden. Wenn's nur erst alles fertig ist. Das Theater macht mir der Konstabler Lieutenant fertig, mit seinem Bruder; und hinten zum Tanz, da sind Schäfer und Schäferinnen, Mohren und Mohrinnen, Zwerge und Zwerginnen, es wird recht hübsch werden! Laß es nur gut sein, und sag' zu Hause nichts davon und mach' nur, daß dein Wilhelm nicht hergelaufen kommt; der wird eine rechte Freude haben, denn ich denk's noch, wie ich ihn die letzte Messe ins Puppenspiel schickte, was er mir alles erzählt hat, und wie er's begriffen hat. – Sie gibt sich zu viel

Mühe, sagte Meister, indem er nach der Türe griff. Wenn man sich um der Kinder willen keine Mühe gäbe, wie wärt ihr groß geworden? sagte die Großmutter.

Die Magd nahm ein Licht und führt' ihn hinunter.

Der Christabend nahte heran in seiner vollen Feierlichkeit. Die Kinder liefen den ganzen Tag herum und standen am Fenster, in ängstlicher Erwartung, daß es nicht Nacht werden wollte. Endlich rief man sie, und sie traten in die Stube, wo jedem sein wohl erleuchteter Anteil zu höchstem Erstaunen angewiesen ward. Jeder hatte von dem Seinigen Besitz genommen und war nach einem Zeitlang Angaffen im Begriff, es in eine Ecke und in seinen Gewahrsam zu bringen, als ein unerwartetes Schauspiel sich vor ihren Augen auftat. Eine Tür, die aus einem Nebenzimmer herein ging, öffnete sich, allein, nicht wie sonst zum Hin- und Wiederlaufen; der Eingang war durch eine unerwartete Festlichkeit ausgefüllt, ein grüner Teppich, der über einem Tisch herabhing, bedeckte fest angeschlossen den untern Teil der Öffnung, von da auf baute sich ein Portal in die Höhe, das mit einem mystischen Vorhang verschlossen war, und was von da auf die Türe noch zu hoch sein mochte, bedeckte ein Stück dunkelgrünes Zeug und beschloß das Ganze. Erst standen sie alle von fern, und wie ihre Neugierde größer wurde, um zu sehen, was Blinkendes sich hinter dem Vorhang verbergen möchte, wies man jedem sein Stühlchen an und gebot ihnen, freundlich in Geduld zu erwarten. Wilhelm war der einzige, der in ehrerbietiger Entfernung stehen blieb und sich's zwei-, dreimal von seiner Großmutter sagen ließ, bis er auch sein Plätzchen einnahm. So saß nun alles und war still, und mit dem Pfiff rollte der Vorhang in die Höhe und zeigte eine hochrot gemalte Aussicht in den Tempel. Der Hohepriester Samuel erschien mit Jonathan, und ihre wechselnden Stimmen vergeisterten ganz ihre kleinen Zuschauer. Endlich trat Saul auf in großer Verlegenheit über die Impertinenz, womit der schwerlötige Kerl ihn und die Seinigen aufgefordert hatte – wie wohl ward's da unserm Wilhelm, der alle Worte abpaßte und bei allem zugegen war, als der zwerggestaltete raupigte Sohn Isai mit seinem Schäferstab und Hirtentasche und Schleuder hervortrat und sprach: Großmächtigster König und Herr, es entfalle keinem der Mut um dessentwillen; wenn Ihro Majestät mir erlauben wollen, so will ich hingehen und mit dem gewaltigen Riesen in den Streit treten. Dieser Aktus endigte sich. Die übrigen Kleinen waren alle vergakelt, Wilhelm allein erwartete das Folgende und sann drauf; er war unruhig, den großen Riesen zu sehen, und wie alles ablaufen würde.

Der Vorhang ging wieder auf. David weihte das Fleisch des Ungeheuers den Vögeln unter dem Himmel und den Tieren auf dem Felde. Der Philister sprach Hohn, stampfte viel mit beiden Füßen, fiel endlich wie ein Klotz und gab der ganzen Sache einen herrlichen Ausschlag. Wie dann nachher die Jungfrauen sungen: Saul hat tausend geschlagen, David aber zehntausend, und der Kopf des Riesen vor dem kleinen Überwinder hergetragen wurde und er davor die schöne Königstochter zur Gemahlin kriegte, verdroß es Wilhelmen doch bei aller Freude, daß der Glücksprinz so zwergenmäßig gebildet wäre. Denn nach der Idee vom großen Goliath und dem kleinen David hatte die liebe Großmutter nichts verfehlt, um beide recht charakteristisch zu machen. Die dumpfe Aufmerksamkeit der übrigen Geschwister dauerte ununterbrochen fort, Wilhelm aber geriet in eine Nachdenklichkeit, darüber er das Ballett von Mohren und Mohrinnen, Schäfern und Schäferinnen, Zwergen und Zwerginnen nur wie im Schatten vor sich hingaukeln sah. Der Vorhang fiel zu, die Türe schloß sich, und die ganze kleine Gesellschaft war wie betrunken taumelnd und begierig, ins Bett zu kommen; nur Wilhelm, der aus Gesellschaft mit mußte, lag allein, dunkel über das Vergangene nachdenkend, unbefriedigt in seinem Vergnügen, voller Hoffnungen, Drang und Ahndung. –

Den andern Tag war eben alles wieder verschwunden, der mystische Schleier war aufgehoben, man ging durch diese Türe wieder frei aus einer Stube in die andre, aus der abends vorher so viel Abenteuer geleuchtet hatten. Die übrigen liefen mit ihren Spielsachen auf und ab, Wilhelm allein schlich hin und her, als wenn er eine verlorne Liebe suchte, als wenn er's fast unmöglich glaubte, daß da nur zwei Türpfosten sein sollten, wo gestern so viel Zauberei gewesen war.

Johann Wolfgang von Goethe

Der dunkle Engel

WERNER REISER

ALS DIE MENGE DER HIMMLISCHEN HEERSCHAREN schon unterwegs zur Geburt des Kindes war, blieb ein einsamer Engel noch eine Weile in der Höhe zurück. Das sollte ihn teuer zu stehen kommen.

Er fühlte sich in der himmlischen Einsamkeit wohl und zog in großen Bewegungen dahin. Dabei gelangte er zum »Palast der tiefsten Geheimnisse«. Er spürte es erst, als er in der Nähe war und ein unbekannter Sog ihn immer mehr gefangen nahm. Da blickte er auf und sah den Palast. Er war unbewacht und stand weit offen. Alle seine Wächter waren auf dem Weg zur Erde, um dort das schönste Geheimnis der Menschwerdung mit eigenen Augen anzusehen. Was gab es da noch Weiteres zu bewachen und zu verbergen, wenn es doch jetzt aller Welt sichtbar werden sollte?

Das Geheimnis aus der Höhe begann jetzt eben in der Tiefe zu atmen und da zu sein. So war der Palast unbewacht und schien leer. Dennoch ging eine seltsame Kraft von ihm aus und ließ dem einsamen Engel keine Ruhe. Er fühlte sich immer näher hingezogen und konnte der Kraft nicht mehr ausweichen. Zwar haben auch Engel ihre Befehle und fühlen sich mit ihnen eins. Bei ihnen gibt es keine Kluft zwischen Müssen und Können wie bei uns. Aber für dieses Mal siegte doch die Neugierde, und es gelüstete ihn, in alles hineinzublicken.

Er trat in den offenen Palast und folgte den spiralförmig angelegten Gängen, die ihn immer tiefer nach innen führten. An ihren Wänden sah er Bilder und Zeichen, die ihn an vieles erinnerten, was er schon gehört hatte. Anderes wieder war ihm unbekannt und undurchschaubar. Da waren die Urbilder der Schöpfung, die Gesetze und Kräfte alles Lebendigen, Töne, Farben und Formen, da waren die vielen Grundrisse der Geschichte in der Natur und bei den Menschen. Sie standen nicht erstarrt da, sondern bewegten sich unaufhörlich, als ob gerade jetzt wieder Neues entstünde. Weiter innen flossen die Gestalten des menschlichen Zusammenlebens immer neu ineinander, und alles strömte Lust und Leben aus. Dann kamen die Gänge des göttlichen Rufes, der durch alle Welt hin hallte. Dort schwebten die Hoffnungen der Menschen, die Ahnungen der Seher und die Weissagungen der Propheten.

Und dann, nach einer letzten Krümmung des Weges, stand er vor dem Innersten, vor der Herzkammer der göttlichen Geheimnisse. Gott selber konnte er nicht sehen. Denn Er ist mehr als die Summe seiner Geheimnisse. Aber was er sah, durchfuhr ihn bis zuinnerst. Da waren drei Bilder ineinander verwoben. Er sah die Geburt eines Kindes, als ob es jetzt geschähe. Und er sah den Tod eines Mannes, und der Mann hatte dieselben Züge wie das Kind. Und zwischen beiden stand wie eine Gestalt mit zwei Armen die Liebe. Aber plötzlich flossen die Bilder ineinander über, und er sah den Tod des Kindes und die Geburt des Mannes und das schreckliche Gesicht der Liebe. Er schrie entsetzt auf und fiel zu Boden.

Als er wieder zu sich kam, taumelte er durch die Gänge zurück. Überall stieß er an die Wände, und ihm war, als ob ihm von allen Seiten nur Bilder voll Schrecken und Tod entgegenströmten. Die Weissagungen tönten dumpf und drohend, die Hoffnungen zerfielen, die Rufe verhallten, die Gemeinschaften zerbrachen, Menschen und Völker welkten dahin, die Natur litt zu Tode, und die Schöpfung barst auseinander. Ihm war, daß auch in seinem eigenen Innern etwas zerbrochen war. So sehr er sich auch bemühte, das ursprüngliche Bild der Liebe zurückzurufen, es gelang ihm nicht.

Sogar als er wieder im Freien war, wurde ihm nicht besser. Auch der Himmel schien ihm gestört zu sein, und die Einsamkeit zermalmte ihn fast. Da durchfuhr es ihn plötzlich: »Ich muß es dem Kind sagen. Ich muß es warnen und beschützen.« So schnell er konnte, fuhr er zur Erde nieder. Je näher er ihr kam, desto stärker wurde der Gesang der lobenden Heerscharen. Er drängte sich keuchend durch den Jubel hindurch, und es gelang ihm, bis in die Nähe des Kindes vorzustoßen. Da lag es, wie er es eben gesehen hatte, und über seinem Gesicht stand lächelnd die Liebe. Er versuchte mitzulächeln, aber er vermochte es nicht. Und während er noch schaute, verwandelte sich das Bild, und er sah das Ende. »Ich komme zu spät«, flüsterte er erschrocken, und eine abgrundtiefe Traurigkeit befiel ihn. So stand er und starrte, bis ihn ein anderer Engel fragte: »Warum weinst du?« Er konnte nicht antworten. Da sagte sein himmlischer Gefährte: »Du hast gewiß etwas Trauriges erlebt. Schau doch auf das Kind in der Krippe, und du wirst froh werden!« Der Engel antwortete: »Ich sehe kein Kind in der Krippe. Ich sehe einen Mann im Sarg.« Da schüttelte der fröhliche Engel hilflos den Kopf und wandte sich singend ab.

Andere traten herzu und blickten strahlend auf das Kind. Der traurige Engel aber stand da und weinte. Er merkte nicht, daß seine Tränen auf das Kind niedertropften. Ein anderer, auch ein fröhlicher, sah es, unterbrach sein Lied und sagte halb freundlich, halb unwillig: »Wir alle haben unsere Sorgen mit den Menschen. Ich verstehe dich. Aber du darfst doch dieses Kind nicht mit dem Kummer der menschlichen Not taufen. Freue dich jetzt mit uns. Zum Trauern ist noch genug Zeit. Singe mit uns, du hast eine so schöne tiefe Stimme!« Doch der Engel schaute ihn nur traurig an und blieb stumm. Da antwortete der andere: »Ah, du willst nicht? Dann gib uns anderen wenigstens deinen Platz an der Krippe frei. Wir wollen uns jetzt freuen. Du verdirbst uns nur das Fest.« Und sie drängten ihn fröhlich, aber langsam nach hinten. So wurde es inmitten der Menge der himmlischen Heerscharen einsam um ihn her. Er ließ sich niedersinken und blieb betrübt sitzen. Der Jubel flutete an ihm vorüber.

Endlich nahte sich ein hoher Engel und nahm ihn unter seine Fittiche. Er fragte ihn: »Warum freust du dich nicht? Das ist die schönste Stunde aller Ewigkeiten und Zeiten. Hast du das Kind nicht gesehen?« Er flüsterte: »Ich habe es gesehen. Aber ich habe auch den Tod des Mannes gesehen. Wir stehen vor der schrecklichsten Stunde aller Zeiten.«

Da erhob sich der hohe Engel zu seiner ganzen Höhe und sagte: »Du warst im Palast der tiefsten Geheimnisse und hast geschaut, was nur die erlesenen Auserwählten sehen dürfen. Du bist ein Wissender geworden. Wissende aber müssen leiden. Je größer das Wissen, desto stärker der Schmerz. Das kann dir niemand abnehmen. Das wirst du von jetzt an zu tragen haben, solange Liebe sterben muß, um Leben zu geben.«

»Wird man mich strafen?«, fragte der traurige Engel scheu. Der hohe Engel antwortete: »Der Himmel straft nicht. Das solltest du doch wissen. Er gibt nur neue Aufgaben. Höre: Du wirst in dieser Nacht überall Menschen aufsuchen, die an sich und an der Welt leiden. Nicht alles Leid ist vorbestimmt, wie du meinst. Geh und suche, wo du Leid abwenden kannst. Du wirst die Menschen ermutigen auszuharren. Du wirst ihre Herzen öffnen für neue Zuversicht und ihre Hände stärken zu neuen Taten. Du wirst ihnen zeigen, daß die Liebe größer ist als das Leben und stärker als der Tod. Ich sende dich. Geh!«

Da erhob sich der traurige Engel und ging.

Wieder zog er einsam seines Weges. Aber er blieb nicht lange allein. Schon bald stürzte das Elend der Welt auf ihn ein. Denn weil sich alle Himmlischen um das Kind in der Krippe scharten, waren die Lebensträume der Menschen völlig engellos geworden. Und so stand der einzige himmlische Bote auf einmal der unverhüllten Not gegenüber, wie er sie noch nie erlebt hatte.

Er vergaß alles, was in ihm war, und fing an zu helfen, zu heilen und zu trösten. Er linderte Schmerzen und zog das Gift aus den Wunden der Seelen und der Leiber. Er versenkte in Schlaf, wer vor Kummer nicht schlafen konnte. Er ermutigte, wer verzweifeln wollte. Er tröstete die Trauernden, die nicht vergessen konnten, und mischte den Weinenden ein zaghaftes Lächeln unter die Tränen. Er zeigte den suchenden Gedanken neue Lösungen und gab den verwirrten Trieben neue Kanäle. Er entwirrte den Knäuel der Gefühle, die um Haß und Rache kreisten, und gab ihnen eine versöhnliche Richtung. Aber das gab viel zu tun; er wurde vor Mühe grau im Gesicht.

Als er sah, daß das Elend kein Ende nahm und er fast nicht weiterkam, begann er, die Menschen selber zu beleben und füreinander einzuspannen. Er gab den Satten böse Träume, daß sie erwachten und über die Hungernden erschraken. Er beunruhigte die Friedlichen, daß sie auf einmal den Streit um sich her sahen und aufstanden, um Frieden zu stiften. Er erregte die Sanften, daß sie das Unrecht entdeckten und um Abhilfe kämpften. Er schüttelte die Gleichgültigen, daß ihnen die Augen aufgingen und sie die Not derer sahen, die neben ihnen lebten. Die Menschen wußten kaum, was ihnen geschah, und sagten zueinander: »Was für eine seltsame Nacht, in der die Unruhigen ruhig und die Ruhigen unruhig werden, in der Verzweifelte getröstet und die Getrösteten aufgeweckt werden. Es ist etwas Neues unter uns.« Der Engel arbeitete bis zum Morgengrauen. Dann flüsterte er: »Ich werde noch manche Nacht kommen, um zu trösten.« Und er verschwand. Er wußte noch nicht, daß er während der Nacht seinen Glanz verloren hatte. Von der vielen Arbeit und den vielen Berührungen mit dem Elend der Menschen war er ganz dunkel geworden.

Als er zum Kind zurückkam, war es um die Krippe still geworden. Die Engel hatten sich müde gejubelt und sich zurückgezogen oder schliefen. Auch die Mutter schlief und lächelte und weinte leise im Schlaf. Nur das Kind war wach und schaute dem dunklen Engel entgegen. Er kniete neben dem Kind nieder und erzählte ihm, was er in dieser Nacht bei den Menschen gesehen hatte. Und er erzählte ihm, daß die Liebe mehr ist als das Wissen und größer als das Leben und stärker als der Tod. Und das Kind hörte zu.

Der dunkle Engel

Seither darf jeder, der am Weihnachtsabend von einem traurigen und dunklen Engel gestreift wird, wissen, daß er ihn mit dem Elend der Welt und mit dem Kind in der Krippe verbindet.

Werner Reiser

Der Weihnachtsmann

Jean Paul

ICH KONNTE NIE MEHR ALS ZWEI WEGE, glücklich zu werden, auskundschaften. Der erste, der in die Höhe geht, ist, so weit über das Gewölk des Lebens hinauszudrängen, daß man die ganze äußere Welt mit ihren Wolfsgruben, Beinhäusern und Gewitterableitern von weitem unter seinen Füßen nur wie ein eingeschränktes Kindergärtchen liegen sieht. Der zweite ist, auf einen Turm zu steigen, mit geschlossenen Augen hinabzuspringen und sicher in den weichen Kissen zu landen, mit denen der Weihnachtsmann seinen Schlitten gepolstert hat.

Ich ging ohne Ziel durch Wälder, durch Täler und über Bäche und durch schlafende Dörfer, um die große Nacht zu genießen wie einen Tag ... Weiße Nachtschmetterlinge zogen, weiße Blüten flatterten, weiße Sterne blinkten, und das lichte Schneegestöber stäubte silbern ... Da fing die Glocke des Weihnachtsmanns an zu klingen, von oben herunter angeweht, und meine unsterbliche Seele war ein Teil dieser Töne ... Ich ging still durch kleine Dörfer hindurch und nahe an ihren äußeren Kirchhöfen vorbei, auf denen morsche, herausgeworfene Sargbretter glimmten, indes die funkelnden Augen, die in ihnen gewesen waren, als graue Asche stäubten. – Kalter Gedanke! Greife nicht wie ein kaltes Gespenst an mein Herz: Ich schaue auf zum Sternenhimmel, und ein goldenes Gespann zieht sich hinauf und hinüber und hinunter, und alles ist Leben und Glut und Licht.

Du bist mein

INA SEIDEL

AM 24. DEZEMBER IM JAHRE DES WAFFENSTILLSTANDES 1918, nachmittags gegen fünf Uhr, ging der verabschiedete Oberleutnant der Infanterie, nunmehr Student der Medizin, Hans Lennacker den Michelsberg in der Stadt Frauenfelde hinauf und suchte, nicht nur von der früh einfallenden Dämmerung, sondern mehr noch durch den ihn umwirbelnden Schneesturm behindert, nach der Hausnummer 27.

Der Jubel der Kinder, die sich die Zeit bis zur Bescherung mit Schlittenfahren und Schneeballwerfen verkürzten – der Anblick des Christmarktes, auf dem die Händler begannen, ihren bunten Kram abzuräumen und die Buden zusammenzuschlagen, während die Weihnachtsbaummänner den Vorübergehenden ihre letzte Ware zu Schleuderpreisen anboten –, die Frauen und Mägde, die, von köstlichem Backstubenbrodem umwölkt, Stollen und Pfefferkuchen auf verhüllten Brettern nach Hause trugen, und die erleuchteten Fenster der Häuser, hinter deren manchem der geschmückte Christbaum zu sehen war: Das alles gemahnte ihn gar zu sehr an seine Heimatstadt Gerdesheim, wo es jetzt ebenso zugehen mochte wie hier, so, wie er es in jedem Kindheitswinter von Neuem erlebt hatte – nur daß dort für ihn niemals ein Christbaum geschmückt, ein Kuchen gebacken, ein Tisch gedeckt stehen würde.

Der Oberleutnant Hans Lennacker, der jetzt ein Student war, hütete sich freilich, solchen Gedanken nachzuhängen. Er hatte beim Verlassen des Bahnhofs den Hut fest in die Stirn gedrückt, den Mantelkragen hochgeschlagen und war mit zusammengepreßten Lippen voranmarschiert, immer dem summenden Glockengeläut nach, das wie ein gewaltiger schneewolkendunkler Engel mit ausgebreiteten Schwingen und im Sturme sich wiegend über den Dächern der Stadt hing und um einen, dem Wandrer noch unbekannten Mittelpunkt kreiste. Dann war er in einen aus Seitenstraßen beständig sich speisenden Strom von Fußgängern geraten, die alle der gleichen Richtung zustrebten; als er mit ihnen in die Straße, die sich Michelsberg nannte, eingebogen war, hatte das Geläut sich plötzlich verändert. In großen, schallenden Wellen stürzte es jetzt auf ihn ein, und nun war er im innersten Wirbel der rufenden, saugenden, lockenden Kreise. Er hatte die Augen erhoben und vor sich am Abschluß der engen, ansteigenden Straße ein hohes spitzbogiges Tor golden in der Finsternis klaffen gesehen. Aus diesem Tor quoll das Licht, das sich ihm und denen, die seinen Weg gingen, gleich einem aus Strahlen und Glockengetön gewölbten Schacht entgegenzubauen schien.

Zu seiner Gewohnheit hatten Kirchenbesuche niemals gehört, auch in seiner Gymnasiastenzeit nicht. Dennoch überstürzte es ihn mit einem Schwall von Erinnerungen, als nun das Geläute ausschwingend verstummte und die Orgel hinten, hoch über der Gemeinde, summend und ganz versonnen zu tönen begann. Das waren Erinnerungen und waren doch wieder keine: Das war der nie mit wissenden Augen erblickte tote Vater, dessen Andenken wie ein Ahornbaum über seiner Kindheit gerauscht hatte, und das war die Mutter, Milch und Brot und Honig und Äpfel, die ersten unverfälschten Gaben des Lebens. Die Urgroßmutter von anno 13 war das, die er noch zehn Jahre seines Lebens gekannt, und ihre geheimnisvoll verworrenen Erzählungen von dem Leutnant Christoph, der in einer von ihm nie begriffenen Verbindung zu ihrer Mutter gestanden haben sollte und bei Großgörschen gefallen war. Und das war die Großmutter, der Uralten Tochter, die erst in diesem letzten Kriegsjahr gestorben war und bei deren Pflege die Mutter sich dann die tödliche Krankheit geholt hatte. Oder war sie doch allein »am Kriege« gestorben, wie sie immer vorausgesagt hatte, weil sie ihn nicht mehr ertrug? Lennacker senkte den Kopf immer tiefer; er vergaß, wo er war. War das nicht die Orgel des katholischen Doms Sankt Godehard in Gerdesheim? Sie klang fernher wie einst an Sommerabenden, wenn er in seiner Giebelstube den Pater Korbinian hatte üben hören. Würde die Mutter nicht gleich hereinkommen, ihm die Hand auf die Schulter legen und ihn mahnen, daß Schlafenszeit ist? Es wurde in seiner Brust – o nein – er wußte es gut, er war nicht daheim, und er würde nie wieder nach Hause kommen, aber – er hob den Kopf – wo war er denn sonst, wie kam er vor diesen Altar und diese mit brennenden Kerzen besteckten Christbäume? Von woher sang dieser silberne Kinderchor jetzt so feierlich jauchzend: Es ist ein Ros' entsprungen ...? Während des Gesanges und der daran anschließenden Liturgie gewann er durch tiefes ruhiges Atmen und bewußte Unterdrückung alles dessen, was an Erinnerung oder Heimweh in ihm aufsteigen wollte, die Gewalt über seine Nerven zurück.

An einem Pfeiler nahm er in der Höhe der Empore das Bild eines riesenhaften und von barockem Mantelgewölk umflatterten Christopherus wahr, der, auf einen wahren Mastbaum gestützt, dem zu lauschen schien, was das auf seiner Schulter hockende winzige Christkind ihm in das umbuschte Ohr zirpte. Die feierlichen Worte vom Altar her verschmolzen ihm mit dem Anblick. Da aber diese Gedanken von dem Kinde, in dem alles versöhnt war: Sünde und Leid und Krieg und Tod, seine Brust wieder beben ließen, richtete er seine Augen nun fest auf den Geistlichen, einen untersetzten stämmigen Mann mit einem schönen, wie aus Erz gegossenen Kopf, der die Verheißungen und das Evangelium ganz ohne Salbung, mit kaum erhobener Stimme, gleichsam mit ehrfürchtigem Staunen verkündete. Lennacker ließ das in sich nachwirken, als nun der Kinderchor nach der Verlesung jauchzend das »Puer natus in Bethlehem-eija!« anstimmte. Er dachte betroffen: Was ist heut mit mir? Oder – was macht dieser Mann aus der alten Geschichte? Daß er eben gar nichts »daraus machte« – das war es, erkannte er jäh, und seine Hände umklammerten eine die andere, als habe ihn vor einem ungeahnten Anblick Schwindel ergriffen und als müsse er einen Halt suchen. Das war ja, stammelte es in ihm, das war ja – die Sache selbst, eine ungeheure, nicht zu übersehende Sache! Der Kaiser zu Rom und seine Statthalter, seine Beamten, seine Feldherren und die Legionen seiner Soldaten um den Erdkreis verteilt, der damals die Welt darstellte, in dem kargsten und steinigsten Land dieser Welt das arme Volk, das sich demütig gehorsam aufmachte, um in wochenlanger mühseliger Wanderschaft seinem Gebot nachzukommen – darunter auch dieser Zimmermann, Joseph von Nazareth, mit seiner jungen, schwangeren Frau, das Obdach bei den Tieren im Stall, gleichsam unterirdisch eingehöhlt bei den Wurzeln menschlichen Ursprungs, und nun hier – auf der Streu, im Dunst des widerkäuenden, schnaubenden, stampfenden Viehs: Niederkunft!

Mit dem meteorischen Aufglühen echter Vision stand das alles auf einmal vor seiner Seele. War es ihm denn jemals zuvor so klar geworden, was das alles bedeutet? Nein – vielmehr verstand er jetzt erst, wie durch einen Blitzstrahl, der die Nacht spaltet, rückblickend, was jenes Bild in sich trug, begriff, was das hieß für die Frau: die Zeit, da sie gebären sollte – die unentrinnbare Stunde – unentrinnbar wie die Stunde des Todes. Und in einer solchen Stunde trat aus eines geknechteten Volkes verachtetstem Schoß das Kind hervor, bei dessen erstem Schrei die Strahlen jenes von Ewigkeit her das Antlitz des Menschen suchenden Sternes die Erde erreichten, Könige und Magier sich aufmachten, um dem Sohn der Magd ihre Huldigung darzubringen, und der Engel des Herrn im Jubel der Heerscharen niederfuhr, den erschrockenen Hirten die frohe Botschaft vollbrachter Erfüllung anzusagen, die dann, wiederum in Verheißung gewandelt, widerhallen sollte im Gang der Jahrhunderte: Ehre sei Gott in der Höhe, Friede auf Erden und den Menschen ein Wohlgefallen!

Lennacker hatte sich in Verwirrung niedergelassen. Was ist mit mir geschehn?, fragte er sich wie einer, der im Traum Gesichte gesehen hat, deren Sinn ihm mit dem Erwachen verloren ging. Was war es nur gewesen – er mußte es wiederfinden, es hatte, dies allein wußte er noch, eine unmittelbare Bedeutung für ihn gehabt, wie nie ein Erlebnis zuvor. Plötzlich drang der Wortlaut des letzten Satzes, den der Pfarrer gesprochen hatte, hallend in ihn ein, so daß er die Augen schloß, als blende ihn ein jähes, ganz weißes Licht: »Gott aber spricht: Ich habe dich bei deinem Namen gerufen, du bist mein!« »Du bist mein!« Es dröhnte in ihm nach wie die ungeheure Stimme einer seine flackernde Frage gewaltig überformenden Antwort. Es dröhnte, widerhallte, schwang aus, einer Glocke gleich, die Echo in unübersehbaren inneren Räumen weckte. Von dem Vorhandensein solcher Räume hatte er bis zu diesem Augenblick, da zum ersten Mal der Ton angeschlagen wurde, der ihre Wände zum Mitschwingen brachte, nichts geahnt. Hans Lennacker dachte, und er dachte es, als griffe er wiederum nach einem Halt, um nicht in sich selbst zu versinken: Ich bin doch nur ein Soldat – Herrgott ... ich bin doch nur ein Soldat ... Vornüber gebeugt dasitzend, senkte er den Kopf immer tiefer – spürte er erschauernd den Zugriff des Unsichtbaren, der die Hand auf seinen Nacken gelegt hatte: Du bist mein! Es gab kein Ausweichen, es gab niemals mehr eine Umkehr; hier war ja das Ziel!

Das goldene Rössel

HANS WATZLIK

IRGENDWO HINTER DEM DORF OBERLICHTBUCHET hausten in einer kleinwinzigen Hütte gar arme Leute, und das Brot, das sie aßen, war sauer und schwarz, und die Milch, die sie tranken, war dünn und schier himmelblau, und zuweilen hatten sie überhaupt nichts zu nagen und zu beißen und waren weit schlimmer dran als die Mäuse im Wald.

Nun waren einmal wieder die seligen Weihnachten gekommen, und Vater und Mutter waren ins Kirchdorf hinuntergegangen, um dort in der Nachtmette den lieben Gott um ein besseres Jahr zu bitten. Die Kindlein, die sie hatten, es waren ihrer siebzehn, die blieben zu Hause und schauten zu den kleinen Fenstern auf den tief verschneiten Weg hinaus und meinten, es müsse heut Nacht doch noch das goldene Rössel daherklingeln und ihnen einen Sack voll Nüsse und Mandelkerne und süßer Dinge bringen, auf daß sie nicht gar so arm und unbeschenkt säßen in der Heiligen Nacht. Aber draußen regte sich nichts, nur die Sterne gingen um das Haus und spiegelten sich im Schnee, und die nahen Tannen standen weiß und ehrwürdig.

Als es Mitternacht worden und es die Kinder schläferte und sie am liebsten geweint hätten vor vergeblichem Warten, sieh, da klopfte ein feiner Huf an die Tür. Da taten sie denn stracks und fröhlich die Tür auf. Draußen aber stand kein reich beladenes, stolzes Himmelsrössel, sondern bloß ein mageres, hageres Schimmelchen. Man hätte die Rippen an ihm zählen können, so dürftig war es. Müde taumelte es und hungerte sicherlich sehr, denn es schnupperte das niedrige Strohdach begehrlich an. Das dünne Tierlein erbarmte den Kindern, sie krochen auf das Dach, rissen das Stroh unter dem Schnee hervor und boten es freundlich dem Rössel, es möge es sich wohl behagen lassen. Und es letzte sich daran und fraß sich immer runder und strammer, und je mehr die Kinder ihm reichten, desto besser mundete es ihm, bis auf einmal das ganze Dach abgedeckt war und die Sterne in die Stube hinunterleuchteten.

Da erschraken die siebzehn Kinder und wurden traurig und fürchteten, Vater und Mutter würden sich grämen und greinen, wenn sie heimkämen und die Hütte dachlos fänden, so daß Schnee und Regen hineinfallen konnten.

Der Schimmel war aber nun satt und kugelrund, und er trabte in hohen Sprüngen davon, hob sich auf einmal in die Lüfte, wieherte, als wittere er den himmlischen Stall, und tauchte zwischen den Sternen unter.

Da meinten die Kinder, ein Traum habe mit ihnen gespielt. Doch war die Fährte des Rössels tief in den Schnee gestochen, und als die Kinder in wundersamer Scheu näher traten, sahen sie es seltsam auf dem Grunde einer jeden Spur funkeln. Siebzehn Schritte hatte das Rössel getan, und in jeder Spur lag jetzt ein schweres goldenes Hufeisen.

Hans Watzlik

Der Schnee

Sophie Reinheimer

HEUTE WAR WEIHNACHTEN. Aber erst heute Abend! – Jetzt war es noch ganz hell auf der Straße und im Garten, denn es war noch Tag.

»Heute Abend ist Weihnachten«, zwitscherten die Spatzen sich im Garten gegenseitig zu, und dann flogen sie zu den Bäumen und Sträuchern hin, um es denen zu erzählen.

Aber die wußten es schon.

»Wir haben gesehen, wie der Christbaum in das Haus getragen wurde«, sagten sie. – Die Spatzen hatten aber noch viel mehr gesehen, denn neugierig, wie sie nun einmal waren, hatten sie sich den ganzen Nachmittag auf dem Fensterbrett herumgetrieben und in das Zimmer geguckt, worin die Weihnachtsbescherung aufgebaut war.

»Den Christbaum«, sagten sie, »haben wir auch gesehen; aber wir hätten ihn beinahe nicht wiedererkannt, so schön war er geschmückt mit Äpfeln und Nüssen und Gold und Silber und bunten Papierketten.«

»Wie schön!«, sagten die Bäume und Sträucher und blickten traurig auf ihre kahlen Äste nieder. Da waren nicht einmal mehr Blätter daran. Und der große Apfelbaum auf dem Rasenplatz gedachte wehmütig der schönen Zeit, in der er auch voll schöner roter Äpfel gehangen hatte.

»Vielleicht sind es meine Äpfel, die nun an dem Christbaum hängen«, sagte er. Das wußten freilich die Spatzen nicht; aber noch viel anderes wußten sie und erzählten es.

»Der kleine Junge, der Richard, der kriegt eine Kappe, und Hermine einen Mantel und ein Buch mit Geschichten; wir haben das alles auf dem Tische liegen sehen; auch eine schöne warme Decke für die Großmutter lag dabei, damit sie nicht friert. Aber das Schönste, das kommt erst noch! Heute Abend, wenn die vielen Lichter an dem Christbaum erst alle brennen. Das wird herrlich!«

»Ja – ihr habt's gut«, brummte die dicke Pumpe, die auch im Garten stand. »Unsereins kriegt keine Geschenke und sieht nichts von Christbaum und Lichtern. Wenn ich doch auch fliegen könnte!«

Darüber mußten die Spatzen nun furchtbar lachen. Es war doch auch zu komisch, zu denken, daß die dicke Pumpe fliegen könne.

Die andern im Garten gaben aber alle der Pumpe recht.

»Wenn man wenigstens eine Kappe geschenkt bekäme«, riefen die hölzernen Pfähle des Gartenzauns.

»Oder einen schönen Mantel«, meinte das Dach der Laube.

Der Rasen wollte lieber eine warme Decke haben wie die Großmutter, um seine Grashälmchen damit zuzudecken, denn die froren gar gewaltig in dem kalten Winter.

»Ein Buch mit schönen Geschichten wäre auch nicht übel«, sagten die Sträucher. »Es ist doch manchmal ganz entsetzlich langweilig im Winter, wenn keine Schmetterlinge und Vögel kommen, um uns was zu erzählen.«

So wünschte sich alles im Garten etwas. Ja – wünschen konnten sie sich schon – aber wer sollte die Wünsche alle erfüllen? Das Christkind etwa? Ach – das hatte wahrhaftig gerade genug mit den Menschen zu tun.

Traurig blickten Bäume und Sträucher und der Rasenplatz und die Zaunpfähle zum Himmel hinauf; da war es ganz grau, ganz grau.

»Es ist schon das Klügste, wir schlafen ein«, sagte der Rasen. »Zu sehen bekommen wir ja doch nichts von all den Herrlichkeiten; es ist ja auch schon ganz dunkel geworden.« Die anderen dachten das auch, und bald darauf war es im ganzen Garten mäuschenstill. – Alles schlief.

Aber was war das, das plötzlich oben vom Himmel herunterkam? Lauter kleine weiße Flöckchen: Schneeflocken waren es. Was wollten sie wohl? Warum kamen sie herunter auf die Erde? Und so leise kamen sie, so leise, daß man sie gar nicht hörte. Und nur ganz sachte sprachen sie miteinander.

»Wie kalt das ist«, flüsterten die einen; »es ist nur gut, daß uns die Mutter Wolke unsere weißen Sternmäntelchen angezogen hat.« Sie waren sehr stolz auf ihre schönen weißen Sternmäntel, und die kleinsten von ihnen tanzten in der Luft herum vor lauter Vergnügen.

Ein paar ganz große Flocken waren auch dabei, aber sie flogen schön langsam und vernünftig ihres Weges daher und hielten auch die andern zur Ordnung an.

»Nun macht eure Sache gut«, sagten sie. »Und daß ihr nichts vergeßt! Und daß ihr schön leise macht, damit niemand im Garten aufwacht, sonst ist's mit der Überraschung vorbei.«

Die Schneeflocken nickten stumm. Nun waren die ersten unten im Garten angelangt. Nichts rührte und regte sich darin, alles schlief. Das war den Schneeflocken gerade recht, denn sie hatten eine große Überraschung vor. Leise wanderten sie zu den schlafenden Sträuchern und zu den Bäumen hin und schmückten sie fein zierlich aus. Kein Zweiglein, auch nicht das allerkleinste, wurde vergessen; es sah aus, als wäre alles in Zucker getaucht. Und wie flink die kleinen Schneeflocken bei ihrer Arbeit waren und wie leise sie taten. Es war sehr gut, daß so viele Schneeflocken daran waren, denn es gab eine Menge zu tun. Das Dach der Laube sollte einen Mantelkragen bekommen, so wie es sich einen gewünscht hatte. Das war aber gar nicht so leicht, denn die Laube war schon alt und hatte keinen so festen Schlaf mehr; sie knackste manchmal ganz unheimlich, so daß die Schneeflocken sehr erschraken und schon dachten, die Laube könne aufwachen; aber sie hatte nur im Traum geknackst, so wie die Menschen manchmal im Traum sprechen.

Am meisten Arbeit aber machte doch die Decke für den großen Rasenplatz. Die guten Schneeflocken hatten ihre eigenen Sternmäntelchen dazu hergegeben – viele, viele tausend davon lagen schon auf dem Rasen. Aber immer noch war die Decke nicht dick und warm genug, und es mußten immer und immer noch Schneeflocken vom Himmel herunterkommen und ihre Mäntelchen oben drauflegen.

Endlich, endlich war die Decke fertig. Es war eine prachtvolle Decke – so frisch und weiß und warm. Nun froren die armen Grashälmchen sicher nicht mehr.

»Ist nun alles fertig?«, fragten die Schneeflocken.

»Ach nein – ach nein –«, flüsterte es an allen Ecken und Enden – »wir sind noch lange nicht fertig. Es sind aber auch so entsetzlich viele Kappen, die wir aufzusetzen haben. Helft uns doch, helft uns doch, sonst kommt der Morgen und wir sind noch nicht fertig.« – Nun ging es aber husch! husch! an das Austeilen der Kappen. Jedes Ding im Garten, das noch nichts bekommen hatte, bekam ein weißes Schneepelzkäppchen aufgesetzt: Jeder Stein, jeder Pfahl am Zaun, sogar die alte Pumpe bekam eins. Weil es aber so arg in der Eile ging, kam es wohl vor, daß eins oder das andere eine Mütze bekam, die ihm zu groß oder zu klein war – oder daß sie ihm schief auf dem Kopfe saß. Aber das schadete nichts. Die Hauptsache war, daß niemand vergessen wurde und daß man bald fertig war. Und man war bald fertig. Nun brauchten keine Schneeflocken mehr zu kommen. Nur noch ein paar wurden von der Mutter Wolke herabgeschickt; die sollten nachsehen, ob die andern ihre Sache gut gemacht hatten. Das hatten sie wirklich, man konnte mit ihnen zufrieden sein.

Und nun war eine Weile wieder alles ganz still im Garten.

Aber dann am andern Morgen – das hättet ihr sehen sollen! Das war ein Erstaunen, ein Jubel und eine Freude, als nach und nach alle aufwachten und die Bescherung sahen. Die Sträucher wagten sich nicht zu rühren aus Angst, etwas von dem herrlichen Schmuck zu verlieren. Der Rasenplatz war glücklich über die schöne, warme Decke, die alte Laube aber, die sonst immer am ersten aufgewacht war vor Kälte, die wachte heute zu allerletzt auf, so gut hatte sie in ihrem warmen Kragen geschlafen.

SOPHIE REINHEIMER

Am allermeisten Vergnügen hatten aber doch die Zaunpfähle.

»Dürfen wir diese schönen Kappen nun wohl immer behalten?«, fragten sie. Aber der Morgenwind, der gerade des Weges daherspaziert kam, gab ihnen gleich die gehörige Antwort darauf.

»Wo denkt ihr hin«, sagte er, »wartet nur, bis die Sonne kommt, die wird sie euch schon von den Ohren ziehen; sie mag solche Verwöhnung nicht leiden.« Er ärgerte gern ein bißchen die Leute, der Morgenwind. »Pff!«, machte er und blies noch rasch im Vorbeigehen dem einen Strauch ein bißchen von seinem Schmuck herunter, so daß ein kleines weißes Schneewölkchen in die Höhe flog.

Nun kam noch ein anderer Besuch in den Garten, ein Rabe, ganz feierlich, im schwarzen Anzug.

Er habe von der herrlichen Bescherung gehört und komme, sie sich anzusehen, sagte er. Dabei nahm er auf der alten Pumpe Platz.

»Was haben Sie denn da für eine Schlafmütze auf?«, fragte er. »Sind Sie so faul, daß Sie eine brauchen?« Und dabei hob er das eine Bein und strich der Pumpe die schöne, neue Kappe vom Kopfe herunter.

»Mach', daß du fortkommst, Grobian!«, sagte sie und drohte ihm mit ihrem Schwengel, so daß der Rabe Angst bekam und fortflog.

»Ich will einmal probieren, wie sich's auf dem neuen Teppich geht«, sagte er. »Ganz schön, nur ein bißchen glatt ist er, so ganz ohne Muster, ich will euch eins darauf machen.

Und nun hüpfte er auf dem Teppich herum, und überall, wo er hinhüpfte, gab es Striche, so daß der Teppich wirklich ganz gemustert aussah. Die andern fanden, daß der Teppich früher viel schöner gewesen war; aber dem Raben gefiel es so viel besser, und er hätte sicher noch mehr Muster auf den Teppich gemacht, wenn – ja wenn nicht plötzlich mit großer Geschwindigkeit etwas Rotes dahergesaust gekommen wäre. Es war ein Schlitten. Die Kinder hatten ihn zu Weihnachten bekommen und freuten sich nun sehr, daß das Christkind ihnen auch den Schnee dazu geschickt hatte. Rings um den Rasen herum ging die fröhliche Fahrt. Dann wurde haltgemacht, und nun kamen die Schneeballen an die Reihe. Hui! da flogen sie – hier einer, da einer. Es war ein großes Vergnügen, ein richtiges, echtes Wintervergnügen.

Aber das Schönste kam noch. Das Schönste war ein Schneemann, den die Kinder aufbauten, gerade vor der alten Laube, als stehe er Schildwache davor. Es war ein prächtiger Schneemann, er mußte jedem gefallen, und er gefiel auch allen.

»Ein netter Kamerad, den wir da bekommen haben«, sagten die Zaunpfähle. »Hoffentlich versteht er sich auch aufs Erzählen, damit wir ein wenig Unterhaltung haben.«

Es wagte aber niemand, den Schneemann anzureden.

Glücklicherweise fing dieser von selbst an.

»Guten Morgen!«, sagte er. »Guten Morgen!«, antwortete es von allen Seiten.

»Es ist schönes Wetter heute«, sagte der Schneemann, etwas anderes fiel ihm gerade nicht ein.

»Ja – aber heute Nacht hat es geschneit.«

»Hm« – machte der Schneemann, »natürlich hat es geschneit – stände ich sonst hier? – Nein, dann hätte ich sicher mit der Wolke noch ein gut Stück weiterreisen können und hätte noch viel von der Welt gesehen.«

»Ei«, sagten die Sträucher, »Sie haben gewiß schon schöne Reisen bis hierher gemacht, wollen Sie uns nicht davon erzählen?«

»Gern«, sagte der Schneemann. – Und dann erzählte er.

»Ihr habt doch vorhin die Kinder in ihren Schlitten fahren sehen? Das war ein Vergnügen, nicht wahr? Was würden diese Kinder wohl erst für ein Vergnügen haben, wenn sie in dem Lande wohnten, von dem ich mit der Schneewolke hergereist bin. Da liegt nämlich das ganze Jahr hindurch Schnee, so daß man immer Schlitten fahren muß. Das ist lustig, nicht wahr? Die Schlitten werden aber dort von großen Tieren gezogen, man nennt sie Rentiere. Die armen Tiere; der

Schnee deckt ihnen oft alles Futter auf der Erde zu, sie müssen es sich erst unter dem Schnee hervorholen. Ich habe sie mit ihren großen Hörnern den Schnee fortschaufeln sehen. In diesem Lande ist es bitter kalt. Die Leute haben immer dicke Pelze an. Ja, wenn man mit einer Schneewolke reist, wie ich, dann bekommt man wirklich viel Merkwürdiges zu sehen.

Habt ihr vielleicht schon einmal ein Haus aus Schnee gesehen? Nein, aber ich habe eins gesehen – ja, ja, eine richtige kleine Hütte war's, mit Fenstern und Tür und Schornstein; auch Leute wohnten drin. Meint ihr vielleicht, die Leute hätten in ihren Schneehütten gefroren? O nein, der Schnee hielt sie schön warm. Der Schnee macht überhaupt schön warm. Einmal sah ich einen Mann, der hatte sich seine Nase rot und blau gefroren. Was glaubt ihr, was der tat? Er hob Schnee von der Erde auf und rieb sich seine Nase damit, und als er dies ein paar Mal getan hatte, da war die Nase wieder heil, und der Mann war dem Schnee sehr dankbar dafür.

Ich habe auf meiner Reise noch mehr Leute gesehen, die sich freuten, daß es geschneit hatte. Da war zum Beispiel ein Mann, der mußte in der Nacht durch den Wald nach Hause gehen. Er hatte keine Laterne bei sich und hätte sich sicher im Walde verloren, wenn nicht der Weg und der ganze Wald voll Schnee gelegen hätte. Der Schnee machte so hell, daß der Mann doch seinen Weg nach Hause fand. Freilich manchen habe ich auch gesehen, der freute sich gar nicht über den Schnee. Zum Beispiel der Tannenbaum in dem Walde, der an der Schneelast auf seinen Zweigen schwer zu tragen hatte. Oder die Leute, denen der Schnee eine hohe Mauer vor der Tür gebaut hatte, so daß sie gar nicht herauskonnten. Und dann die, denen vom Dach eine Schneelawine auf den Kopf fiel, und die, denen der Sturm so viel Schnee in die Augen blies, daß sie gar nicht sehen konnten.«

In diesem Augenblick kam die Sonne hinter den Wolken hervor.

»Uff!«, machte der Schneemann auf einmal, »da ist sie. Nun ist es aus mit mir, ihr werdet es gleich sehen.«

Sie sahen aber zuerst gar nichts, als daß auf einmal aller Schnee ganz wunderschön in der Sonne glitzerte. Es war eine wahre Pracht, die die Sonne da hervorgezaubert hatte. »Traut ihr nicht«, sagte der Schneemann, »die Herrlichkeit wird gleich zu Ende sein.

Oh, wäre ich doch mit der Wolke fortgezogen, weiter zu den hohen Bergen hin, wo es so herrlich kalt ist, daß die Schneeflocken nicht in der Sonne zu sterben brauchen, sondern in Eis verwandelt werden und ewig leben.«

So sprach der Schneemann.

Aber was war denn das? Der ganze Garten weinte ja auf einmal. Von jedem Strauch, von jedem Zaunpfahl, von der Laube und von der Pumpe fielen große Tropfen herab in den Schnee, und jeder machte ein Loch hinein. Weinten sie alle, weil der Schneemann vom Sterben sprach, der Schneemann, der ihnen so hübsch erzählt hatte?

Ach nein – es war Tauwetter eingetroffen, das war's. Immer mehr Sonnenstrahlen kamen, und jeder schmolz ein bißchen von dem Schnee hinweg, jeder ließ ein Stückchen Herrlichkeit zerfließen.

Und gerade, als sie am allerschönsten war.

Aber so geht es ja immer.

Sophie Reinheimer

Das Wunder

Marie Luise Kaschnitz

Die Schwierigkeit, die man im Verkehr mit Don Crescenzo hat, besteht darin, daß er stocktaub ist. Er hört nicht das Geringste und ist zu stolz, den Leuten von den Lippen zu lesen. Trotzdem kann man ein Gespräch mit ihm nicht einfach damit anfangen, daß man etwas auf einen Zettel schreibt. Man muß so tun, als gehöre er noch zu einem, als sei er noch ein Teil unserer lauten, geschwätzigen Welt.

Als ich Don Crescenzo fragte, wie das an Weihnachten gewesen sei, saß er auf einem der Korbstühlchen am Eingang seines Hotels. Es war sechs Uhr, und der Strom der Mittagskarawanen hatte sich verlaufen. Es war ganz still, und ich setzte mich auf das andere Korbstühlchen, gerade unter das Barometer mit dem Werbebild der Schifffahrtslinie, einem weißen Schiff im blauen Meer. Ich wiederholte meine Frage, und Don Crescenzo hob die Hände gegen seine Ohren und schüttelte bedauernd den Kopf. Dann zog er ein Blöckchen und einen Bleistift aus der Tasche, und ich schrieb das Wort Natale und sah ihn erwartungsvoll an.

Ich werde jetzt gleich anfangen, meine Weihnachtsgeschichte zu erzählen, die eigentlich Don Crescenzos Geschichte ist. Aber vorher muß ich noch etwas über diesen Don Crescenzo sagen. Meine Leser müssen wissen, wie arm er einmal war und wie reich er jetzt ist, ein Herr über hundert Angestellte, ein Besitzer von großen Wein- und Zitronengärten und von sieben Häusern. Sie müssen sich sein Gesicht vorstellen, das mit jedem Jahr der Taubheit sanfter wirkt, so als würden Gesichter nur von der beständigen Rede und Gegenrede geformt und bestimmt. Sie müssen ihn vor sich sehen, wie er unter den Gästen seines Hotels umhergeht, aufmerksam und traurig und schrecklich allein. Und dann müssen sie auch erfahren, daß er sehr gern aus seinem Leben erzählt und daß er dabei nicht schreit, sondern mit leiser Stimme spricht.

Oft habe ich ihm zugehört, und natürlich war mir auch die Weihnachtsgeschichte schon bekannt. Ich wußte, daß sie mit der Nacht anfing, in der der Berg kam, ja, so hatten sie geschrien: Der Berg kommt, und sie hatten das Kind aus dem Bett gerissen und den schmalen Felsenweg entlang. Er war damals sieben Jahre alt, und wenn Don Crescenzo davon berichtete, hob er die Hände an die Ohren, um zu verstehen zu geben, daß dieser Nacht gewiß die Schuld an seinem jetzigen Leiden zuzuschreiben sei.

Ich war sieben Jahre alt und hatte das Fieber, sagte Don Crescenzo und hob die Hände gegen die Ohren, auch dieses Mal. Wir waren alle im Nachthemd, und das war es auch, was uns geblieben war, nachdem der Berg unser Haus ins Meer gerissen hatte, das Hemd auf dem Leibe, sonst nichts. Wir wurden von Verwandten aufgenommen, und andere Verwandte haben uns später das Grundstück gegeben, dasselbe, auf dem jetzt das Albergo steht. Meine Eltern haben dort, noch bevor der Winter kam, ein Haus gebaut. Mein Vater hat die Maurerarbeiten gemacht, und meine Mutter hat ihm die Ziegel in Säcken den Abhang hinuntergeschleppt. Sie war klein und schwach, und wenn sie glaubte, daß niemand in der Nähe sei, setzte sie sich einen Augenblick auf die Treppe und seufzte, und die Tränen liefen ihr über das Gesicht. Gegen Ende des Jahres war das Haus fertig, und wir schliefen auf dem Fußboden, in Decken gewickelt, und froren sehr.

Und dann kam Weihnachten, sagte ich, und deutete auf das Wort »Natale«, das auf dem obersten Zettel stand.

Ja, sagte Don Crescenzo, dann kam Weihnachten, und an diesem Tage war mir so traurig zumute, wie in meinem ganzen Leben nicht. Mein Vater war Arzt, aber einer von denen, die keine Rechnungen schreiben. Er ging hin und behandelte die Leute, und wenn sie fragten, was sie schuldig seien, sagte er, zuerst müßten sie die Arzneien kaufen und dann das Fleisch für die Suppe, und dann wolle er ihnen sagen, wie viel. Aber er sagte es nie. Er kannte die Leute hier sehr gut und wußte, daß sie kein Geld hatten. Er brachte es einfach nicht fertig, sie zu drängen, auch damals nicht, als wir alles verloren hatten und die letzten Ersparnisse durch den Hausbau aufgezehrt waren.

Er versuchte es einmal, kurz vor Weihnachten, an dem Tage, an dem wir unser letztes Holz im Herd verbrannten. An diesem Abend brachte meine Mutter einen Stoß weißer Zettel nach Hause und legte sie vor meinen Vater hin, und dann nannte sie ihm eine Reihe von Namen, und mein Vater schrieb die Namen auf die Zettel und jedes Mal ein paar Zahlen dazu. Aber als er damit fertig war, stand er auf und warf die Zettel in das Herdfeuer, das gerade am Ausgehen war. Das Feuer flackerte sehr schön, und ich freute mich darüber, aber meine Mutter fuhr zusammen und sah meinen Vater traurig und zornig an.

So kam es, daß wir am vierundzwanzigsten Dezember kein Holz mehr hatten, kein Essen und keine Kleider, die anständig genug gewesen wären, damit in die Kirche zu gehen. Ich glaube nicht, daß meine Eltern sich darüber viel Gedanken machten. Erwachsene, denen so etwas geschieht, sind gewiß der Überzeugung, daß es ihnen schon einmal wieder besser gehen wird und daß sie dann essen und trinken und Gott loben können, wie sie es so oft getan haben im Laufe der Zeit. Aber für ein Kind ist das etwas ganz anderes. Ein Kind sitzt da und wartet auf das Wunder, und wenn das Wunder nicht kommt, ist alles aus und vorbei ...

Bei diesen Worten beugte sich Don Crescenzo vor und sah auf die Straße hinaus, so als ob dort etwas seine Aufmerksamkeit in Anspruch nähme. Aber in Wirklichkeit versuchte er nur, seine Tränen zu verbergen. Er versuchte, mich nicht merken zu lassen, wie das Gift der Enttäuschung noch heute alle Zellen seines Körpers durchdrang.

Unser Weihnachtsfest, fuhr er nach einer Weile fort, ist gewiß ganz anders als die Weihnachten bei Ihnen zu Hause. Es ist ein sehr lautes, sehr fröhliches Fest. Das Jesuskind wird im Glasschrein in der Prozession getragen, und die Blechmusik spielt. Viele Stunden lang werden Böllerschüsse abgefeuert, und der Hall dieser Schüsse wird von den Felsen zurückgeworfen, so daß es sich anhört wie eine gewaltige Schlacht. Raketen steigen in die Luft, entfalten sich zu gigantischen Palmenbäumen und sinken in einem Regen von Sternen zurück ins Tal. Die Kinder johlen und lärmen, und das Meer mit seinen schwarzen Winterwellen rauscht so laut, als ob es vor Freude schluchze und singe. Das ist unser Christfest, und der ganze Tag vergeht mit Vorbereitungen dazu. Die Knaben richten ihre kleinen Feuerwerkskörper, und die Mädchen binden Kränze und putzen die versilberten Fische, die sie der Madonna umhängen. In allen Häusern wird gebraten und gebacken und süßer Sirup gerührt.

So war es auch bei uns gewesen, solange ich denken konnte. Aber in der Christnacht, die auf den Bergsturz folgte, war es in unserem Hause furchtbar still. Es brannte kein Feuer, und darum blieb ich so lange wie möglich draußen, weil es dort immer noch ein wenig wärmer war als drinnen. Ich saß auf den Stufen und sah zur Straße hinauf, wo die Leute vorübergingen und wo die Wagen mit ihren schwachen Öllämpchen auftauchten und wieder verschwanden. Es war eine Menge Leute unterwegs, Bauern, die mit ihren Familien in die Kirche fuhren, und andere, die noch etwas zu verkaufen hatten, Eier und lebendige Hühner und Wein. Als ich da saß, konnte ich das Gegacker der Hühner hören und das lustige Schwatzen der Kinder, die einander erzählten, was sie alles erleben würden heute Nacht. Ich sah jedem Wagen nach, bis er in dem dunklen Loch des Tunnels verschwand, und dann wandte ich den Kopf wieder und schaute nach einem neuen Fuhrwerk aus; als es auf der Straße stiller wurde, dachte ich, das Fest müsse begonnen haben, und ich würde nun etwas vernehmen von dem Knattern der Raketen und den Schreien der Begeisterung und des Glücks. Aber ich hörte nichts als die Geräusche des Meeres, das gegen die Felsen klatschte, und die Stimme meiner Mutter, die betete und mich aufforderte, einzustimmen in die Litanei. Ich tat es schließlich, aber ganz mechanisch und mit verstocktem Gemüt. Ich war sehr hungrig und wollte mein Essen haben, Fleisch und Süßes und Wein. Aber vorher wollte ich mein Fest haben, mein schönes Fest ...

Und dann auf einmal veränderte sich alles auf eine unfaßbare Art. Die Schritte auf der Straße gingen nicht mehr vorüber, und die Fahrzeuge hielten an. Im Schein der Lampen sahen wir einen prallen Sack, der in unseren Garten geworfen, und hoch gepackte Körbe, die an den Rand der Straße gestellt wurden. Eine Ladung Holz und Reisig rutschte die Stufen herunter, und als ich mich vorsichtig die Treppe hinauftastete, fand ich auf dem niederen Mäuerchen auf Tellern und Schüsseln Eier, Hühner und Fisch. Es dauerte eine ganze Weile, bis die geheimnisvollen Geräusche zum Schweigen kamen und wir nachsehen konnten, wie reich wir mit einem Male waren. Da ging meine Mutter in die Küche und machte Feuer an, und ich stand draußen und sog inbrünstig den Duft in mich ein, der bei der Verbindung von heißem Öl, Zwiebeln, gehacktem Hühnerfleisch und Rosmarin entsteht.

Ich wußte in diesem Augenblick nicht, was meine Eltern schon ahnen mochten, nämlich, daß die Patienten meines Vaters, diese alten Schuldner, sich abgesprochen hatten, ihm Freude zu machen auf diese Art. Für mich fiel alles vom Himmel, die Eier und das Fleisch, das Licht der Kerzen, das Herdfeuer und der schöne Kittel, den ich mir aus einem Packen Kleider hervorwühlte und so schnell wie möglich überzog. Lauf, sagte meine Mutter, und ich lief die Straße hinunter und durch den langen, finsteren Tunnel, an dessen Ende es schon glühte und funkelte von buntem Licht. Als ich in die Stadt kam, sah ich schon von weitem den roten und goldenen Baldachin, unter dem der Bischof die steile Treppe hinaufgetragen wurde. Ich hörte die Trommeln und die Pauken und das Evivageschrei und brüllte aus Leibeskräften mit. Und dann fingen die großen Glocken in ihrem offenen Turm an zu schwingen und zu dröhnen.

Don Crescenzo schwieg und lächelte freudig vor sich hin. Gewiß hörte er jetzt wieder, mit einem inneren Gehör, alle diese heftigen und wilden Geräusche, die für ihn so lange zum Schweigen gekommen waren und die ihm in seiner Einsamkeit noch viel mehr als jedem anderen Menschen bedeuteten: Menschenliebe, Gottesliebe, Wiedergeburt des Lebens aus dem Dunkel der Nacht.

Ich sah ihn an, und dann nahm ich das Blöckchen zur Hand. Sie sollten schreiben, Don Crescenzo. Ihre Erinnerungen. – Ja, sagte Don Crescenzo, das sollte ich. Einen Augenblick lang richtete er sich hoch auf, und man konnte ihm ansehen, daß er die Geschichte seines Lebens nicht geringer einschätzte als das, was im Alten Testament stand oder in der Odyssee. Aber dann schüttelte er den Kopf. Zu viel zu tun, sagte er.

Und auf einmal wußte ich, was er mit all seinen Umbauten und Neubauten, mit der Bar und den Garagen und dem Aufzug hinunter zum Badeplatz im Sinne hatte. Er wollte seine Kinder schützen vor dem Hunger, den traurigen Weihnachtsabenden und den Erinnerungen an eine Mutter, die Säcke voll Steine schleppt und sich hinsetzt und weint.

Marie Luise Kaschnitz

Die Lebkuchenkerzen

GUNDOLF WEINHOLD

IM HALBDUNKEL DES NAHENDEN ABENDS huscht Schwester Angelina in ihrer Nonnentracht über den Weihnachtsmarkt einer ärmlichen italienischen Kleinstadt. Die junge, etwas blasse Nonne scheint das Gedränge der Menschen um sie herum nicht zu spüren. Da sie nicht sehr groß ist, hat sie Mühe, ihr Ziel ausfindig zu machen. Endlich erblickt sie es. Sie geht an den mit bunten Lichterketten geschmückten Buden vorbei und scheint nicht einmal das Schreien der Händler und die Musik aus den Lautsprechern wahrzunehmen. Sie hat ihr Ziel fest im Blick und kämpft sich entschlossen durch die Menschenmenge zu ihm hindurch. Etwas außer Atem steht sie nun vor einer der Verkaufsbuden.

Als sie an der Reihe ist, schaut sie der Budenbesitzer etwas verwundert an. Der Mann hat vor Kälte rote Ohren und eine ebenso rote Nase. Schwester Angelina steigt der leckere Duft von vielen bunten Lebkuchen in die Nase. Sie sagt etwas verlegen, und ihre Wangen bekommen dabei einen rosigen Schimmer: »Bitte zwölf Lebkuchenherzen.« Der Mann blickt sie mit großen Augen an: »Heilige Mutter Gottes, was wollen Sie denn mit den vielen Lebkuchen im Kloster?«

»Heute ist Heiliger Abend, und da brauche ich sie halt«, dabei wirkt sie etwas verschämt. »Wieviel kosten sie?«

»Das Stück 2000 Lire.«

»Oh, so viel! Da ich so viele nehme und heute Heiliger Abend ist, kann ich sie billiger bekommen?«

»Nein«, antwortete der Mann unfreundlich, »ich muss auch leben, und Geschäft ist Geschäft.«

Schwester Angelina kramt das Geld aus ihrer Tasche hervor. Noch einmal fragt der Händler: »Was wollen Sie überhaupt mit den vielen Lebkuchen?« Da ihr der Mann mit dem Preis nicht entgegengekommen war und sie sich darüber ein wenig ärgert, antwortet sie: »Wenn Sie das wissen wollen, dann kommen Sie doch zum Plaza de Georgia 15, und sehen Sie selbst!« Sie drückt dem Verkäufer 24 000 Lire in die Hand und geht mit den Lebkuchen davon.

Nach Verkaufsschluss geht der Mann tatsächlich zu der genannten Adresse und tritt zögernd durch eine große Tür in einen breiten Flur, wo eine weit ausladende Treppe nach oben führt. Schwester Angelina hört die für dieses Haus ungewöhnlich kräftigen Schritte, lächelt still vor sich hin, macht eine weiße Tür weit auf und geht dem Mann auf der Treppe entgegen. »Ich freue mich, dass Sie gekommen sind, und nun sehen Sie selbst.« Dabei fasst sie den Mann am Arm und schiebt ihn durch eine weiße Tür in einen großen langen Saal.

Der Mann sieht rechts und links an den weiß getünchten Wänden lauter kleine Kinderbettchen stehen. Bedächtig schaut er in jedes Bettchen hinein. Er weiß nun, dass er sich im Kinderhospital befindet. Hier liegen die Jungen und Mädchen, die wegen ihrer Krankheit Weihnachten nicht zu Hause sein können. Sie sind glücklich über »ihre« Lebkuchenherzen, und einige haben schon etwas davon genascht. Langsam dreht er sich wieder um, schaut hier und da nochmal in eines der Kinderbettchen und kommt wieder auf Schwester Angelina zu.

Als er direkt vor ihr steht, sagt er leise: »Sie sind eine sehr liebe und barmherzige Schwester. Jetzt verstehe ich.« Er holt aus seiner Brusttasche die Geldbörse hervor, öffnet sie und sagt. »Hier Schwester, nehmen Sie bitte das Geld von vorhin zurück, und das gebe ich Ihnen noch dazu.« Er lässt Schwester Angelina nicht zu Worte kommen und fährt fort: »Zu Hause ist meine Frau, und ich werde gleich bei ihr und unseren fünf Kindern sein. Wir sind alle gesund und glücklich, und es war heute ein gutes Geschäft, darum gebe ich Ihnen das Geld besonders gern zurück.«

Gundolf Weinhold

Er dreht sich ein bisschen zur Seite und neigt sein Haupt zur Muttergottes, deren Bild sich über dem Tisch neben der Tür befindet, blickt kurz in das glückliche Gesicht der Schwester und wünscht ihr ein frohes Weihnachtsfest. Schwester Angelina hat Mühe, ihm zu folgen, als er eilig die Treppe hinuntergeht, und ihm ein »Dankeschön und ein gesegnetes Weihnachtsfest« nachzurufen.

3

Und es waren Hirten auf dem Felde

Hirt, du bei Gras und Stein

Rudolf Otto Wiemer

Hirt, du bei Gras und Stein,
laß mich dein Bruder sein.
Will stehen auf dem Feld,
an deinen Stab gestellt.

Will trinken aus dem Krug
Mühsal der Welt genug.
Will essen von dem Brot
der Erde Lot um Lot.

Will harren bei dem Tier.
Nur laß mich knien allhier,
erschreckt vom Engelhall,
Hirt, neben dir im Stall.

In jener Gegend lagerten Hirten auf freiem Feld und hielten Nachtwache bei ihrer Herde. Da trat der Engel des Herrn zu ihnen, und der Glanz des Herrn umstrahlte sie. Sie fürchteten sich sehr.

Der Engel aber sagte zu ihnen: Fürchtet euch nicht, denn ich verkünde euch eine große Freude, die dem ganzen Volk zuteil werden soll: Heute ist euch in der Stadt Davids der Retter geboren; er ist der Messias, der Herr. Und das soll euch als Zeichen dienen: Ihr werdet ein Kind finden, das, in Windeln gewickelt, in einer Krippe liegt.

Und plötzlich war bei dem Engel ein großes himmlisches Heer, das Gott lobte und sprach: Verherrlicht ist Gott in der Höhe, und auf Erden ist Friede bei den Menschen seiner Gnade.

Als die Engel sie verlassen hatten und in den Himmel zurückgekehrt waren, sagten die Hirten zueinander: Kommt, wir gehen nach Betlehem, um das Ereignis zu sehen, das uns der Herr verkünden ließ.

So eilten sie hin und fanden Maria und Josef und das Kind, das in der Krippe lag. Als sie es sahen, erzählten sie, was ihnen über dieses Kind gesagt worden war. Und alle, die es hörten, staunten über die Worte der Hirten. Maria aber bewahrte alles, was geschehen war, in ihrem Herzen und dachte darüber nach. Die Hirten kehrten zurück, rühmten Gott und priesen ihn für das, was sie gehört und gesehen hatten; denn alles war so gewesen, wie es ihnen gesagt worden war.

Lukas 2,8–20

Die Hirten und der Engel

Dieter S. Koreimann

Es war eine kalte Nacht. Der Mond stand silberhell wie eine Eisscholle am Himmel und ließ die bescheidenen Wölkchen gemächlich vorbeiziehen. Aber viel schlimmer als der kalte Mond war der Nordwind. Schon am Nachmittag stieb er die ersten Staubfontänen über das karge Weideland um Bethlehem und jetzt, in der Finsternis der Nacht, trieb er ohne Unterlaß spitze, kalte Staubkörner durch die Luft, die bis ins Blut der Menschen und Tiere drangen.

Nemia, Samuel und Ephraim hatten aus Steinen und dürren Ästen notdürftig einen Wall gegen den Sturm gestellt. Ein kleines Feuer flackerte unruhig durch das aufgeworfene Reisig und kämpfte gegen den Wind, nicht ohne hin und wieder etwas von seiner Glut und Wärme zu verlieren.

Nemia, Samuel und Ephraim hockten dicht um das Feuer und schwiegen. Sie hatten ihre Decken tief ins Gesicht gezogen. Die Arbeit war getan: Es war heute leicht gewesen, die Schafe zusammenzuführen; denn selbst die Tiere froren und drängten sich willig ins Gatter.

Nemia warf einen Zweig in die zitternde Glut und sagte: »Eine kalte Nacht heute. Wie viele solcher kalten Nächte werden wir wohl noch verbringen müssen?« Seine Kameraden blieben stumm. Aber Nemia hatte gar keine Antwort erwartet, er hatte nur so etwas vor sich hingesagt. Irgendetwas, etwas über die Kälte der Nacht und vielleicht auch – etwas über sein Leben.

Der Nordwind zerrte erneut an der Glut des Feuers. Nur das Pfeifen und Heulen und Singen des Windes drangen durch die Nacht. Und wenn der Wind abebbte, um neue Kraft zu sammeln, dann war es ganz still auf den Weiden um Bethlehem.

Mitten in eine solche Stille sagte Ephraim: » Ich habe mir schon immer gedacht, daß in einer solchen Nacht einmal etwas Besonderes geschehen müßte.« Es dauerte eine gemächliche Weile des Schweigens bis Samuel erwiderte: »Was soll denn in einer solchen Nacht geschehen? Und außerdem – was soll denn gerade bei uns geschehen? Wir sind doch arme Hirten und gäbe es das Vieh nicht, dann wären wir vergessen. Vergessen von der ganzen Welt.«

Ephraim ging nicht auf seine Rede ein, sondern schaute wie abwesend in die Nacht und sprach – mehr zu sich selbst als zu seinen Kameraden: »Als Kind habe ich mir immer vorgestellt, daß es einmal eine Nacht geben wird, eine außergewöhnliche Nacht, in der irgendetwas Besonderes geschieht.«

Samuel blickte ihn an und sagte: »Das einzig Besondere, glaube es mir, das einzig Besondere, das geschehen wird, ist, daß wir sterben müssen. Irgendwann.«

»Aber vorher muß ich doch noch wissen, welchen Sinn dieses Leben gehabt hat, ob es gut war, gut für mich, gut für andere«, schrie Ephraim in die Nacht, so daß der schweigsame Nemia auffuhr. »Schrei doch nicht so, Du erschreckst ja die Herde«, erwiderte er und fuhr dann fort: »Seit Deine Frau und Deine Kinder starben, hast Du wohl Halluzinationen. Aber sieh mich an, mit meiner Gicht und meinem zerschundenen Rücken. Und ich schreie nicht so wie Du!«

»Hast Du Halluzinationen gesagt?«, fragte ihn Ephraim »und weißt Du, was das ist?« Samuel fiel in ihr Gespräch und sagte mit geheimnisvoller Stimme: »Halluzinationen, das sind Erscheinungen, seltsame Erscheinungen. Das hat mir der Arzt gesagt, als er meine Frau behandelte, die vom bösen Geist geschlagen war.«

»Siehst Du, Nemia, Erscheinungen hat er gesagt. Und was habe ich gesagt?«, flüsterte Ephraim.

»Erscheinungen, Erscheinungen gibt es viele. Der Mond da oben, das ist auch eine Erscheinung«, antwortete Nemia und zog sich seine Decke tiefer ins Gesicht.

Sie schwiegen und starrten in das Feuer, das immer kärglicher seinen vergeblichen Kampf mit dem Wind austrug. Das Feuer war schon fast erloschen, da erhob Ephraim erneut seine Stimme. Tonlos, wie von weiter Ferne und als spräche er ins Feuer und nicht zu seinen Kameraden, sagte er: »Es wird irgendwann eine Erscheinung geben. Irgendein Zeichen am Himmel oder einen Hinweis. Ich weiß es. Denn es muß uns doch einmal gesagt werden, warum wir so arm sind, warum wir leiden und – wozu wir leben.«

Er schwieg sehr lange, bevor er sich an seine Kameraden wandte: »Du hast Gicht, Nemia, und mir, mir starben meine Frau und meine Kinder, und Du, Samuel, Du bist schwer bei Atem. Wozu das, versteht Ihr, wozu? Warum gerade wir? Es muß doch einen Sinn haben, einfach so hinzuleben.«

Die anderen dachten nach. Ephraim sprach sonst wenig. Aber vielleicht war er im Fieber. Es war ja so kalt. Und während sie in die sterbende Glut des Feuers starrten, erdröhnte die Luft mit einem gewaltigen Donnerrollen, der Boden erzitterte und bebte, und der Himmel tat sich auf, und der Mond war so groß wie das Meer und strahlte in einem gleißenden Licht, das Menschen und Tiere blendete. Die Hirten warfen sich auf den Boden und zogen ihre Decken über sich und ihre Furcht lähmte ihre Sprache. Eine Stimme ertönte, laut und klar und hoch über dem Wind:

»Fürchtet euch nicht, siehe, ich verkündige euch große Freude, die allem Volk widerfahren wird; denn euch ist heute der Heiland geboren, welcher ist Christus, der Herr, in der Stadt Davids. Und das habt zum Zeichen: Ihr werdet finden das Kind in Windeln gewickelt und in einer Krippe liegen.«

Und als die Stimme schwieg, erhob sich ein Gesang durch die Sphären der Sterne und die Hirten lagen auf der Erde und lauschten.

Der Himmel hatte sich längst wieder geschlossen und der Wind blies sein eintöniges Lied. Samuel erhob sich als Erster und schlug seine Decke zurück. »Was war das?«, flüsterte er und fuhr dann fort: »Habt ihr gehört, was gesagt wurde?«

Nemia kroch hinter dem schützenden Wall hervor und sagte: »Das war eine Erscheinung, das hat etwas zu bedeuten.«

Ephraim erwiderte: »Meine Erscheinung! Denkt doch an meine Erscheinung! Ich habe es euch doch gesagt. ›Fürchtet euch nicht!‹ hat er gesagt.«

»Wer hat das gesagt?«, flüsterte Nemia.

»Der Engel des Herrn«, sagte Samuel.

»Der Engel des Herrn«, wiederholte Nemia, »und er hat auch gesagt: ›Siehe, ich verkündige euch große Freude‹.«

Er schwieg. Samuel murmelte vor sich hin: »Große Freude, hat er gesagt, große Freude. Jetzt wissen wir vielleicht, wozu das alles gut ist.«

Nemia, Samuel und Ephraim schwiegen. Sie mußten das Geschehene erst begreifen lernen, die Worte, die da gesagt worden waren, verstehen und abwägen, die Botschaft erkennen. Der Mond wurde bereits blasser und die Sterne fielen einzeln vom Rande des Firmaments. Nemia sprach: »Hat er nicht gesagt, ihr werdet ein Kind finden?«

Seine Kameraden starrten ihn an und dann sagte Samuel: »Es soll in einer Krippe liegen und es ist Christus, der Herr!«

Ephraim erhob sich ruckartig und sprach: »Ich kenne alle Ställe in Bethlehem, kommt, laßt uns sehen, was die Erscheinung uns verheißen hat.«

Wortlos erhoben sich Samuel und Nemia, hüllten sich in ihre Decken und zogen mit Ephraim nach Bethlehem, um die Botschaft des Herrn von Angesicht zu Angesicht zu schauen.

Und seine Stimme sang

Felix Timmermans

»Seht das Wetterleuchten!«, rief der kleine stumpfnäsige Bucklige und wies mit einem zu langen Arm in die Richtung von Bethlehem.

Bienus sagte, ohne aufzusehen, mit Prophetenworten: »Es kann nicht wetterleuchten, der Himmel steht voller Sterne!« – »Ich hab' es doch, mein' ich, gesehn«, wagte der Bucklige zögernd Bienus zu entgegnen, der den Lauf der Sterne kannte, und fuhr geduldig fort, den Himmel abzusuchen, um noch einmal den wunderbaren Lichtschein zu entdecken. Die andern wendeten ihre Aufmerksamkeit wieder auf das Spiel, und flüsternd ging es von Neuem, gleichsam scheu vor der großen Stille der Nacht: »Schippenwenzel, ich passe, Herzas.« Eintönig und doch voll zarten Gefühls stieg der weiche Klang der Geige weiter hinauf in die Dunkelheit, bis auf einmal der schwarzäugige Junge rief: »Mutter, Mutter, der Himmel fällt ein!« Sie sahen alle miteinander empor; der ganze Himmel kam in Bewegung.

Millionen Sterne fielen aus der Luft und erleuchteten die Erde, als sei heller Tag, aber wie auf Verabredung hörte es plötzlich auf; der Große Bär, die Milchstraße, der Riese, sie waren wohl noch an ihrem Platz, aber in all seiner erhabenen Glorie stand da drüben ein ungeheuer großer Komet.

»Der Stern mit dem Schweif! Der Stern mit dem Schweif!«, wurde erstaunt gerufen. Es fuhr ein Schauder durch diese schlichten Menschen hindurch, der Schreck fiel ihnen aufs Herz, die Karten entglitten ihren Händen, und die, welche schliefen, fuhren aus dem Schlaf

Felix Timmermans

auf, erhoben den Kopf über den Rücken der Schafe und liefen, von Furcht erfüllt, zu den andern. Nur der da oben, süß auf seiner Geige träumend, blieb dabei und lebte mit seiner Seele. Aber die andern standen mit zitternden Knien da und betrachteten das Himmelswunder, das seine Herrlichkeit über dem fernen, dunklen Bethlehem in den Himmel reckte.

Dies war das zweite Mal in kurzer Zeit, daß der Stern sich so den Menschen zeigte: der Kopf von kreisendem, strahlendem, regenbogigem Feuer und der Schweif stolz aufgerichtet, voll wimmelnder Funken und breit zerfließend mit zarten Pfauenaugen, in der höchsten Höhe der Luft. Zum zweiten Male stand er da wie ein strahlender Verkündiger von Unglück und Tod, und all diese Menschen, einfältig von Gedanken, sahen einer in des andern Augen die Furcht. Bange, voller Demut, scharten sie sich um Bienus, der ihr Führer und ihr Berater war. Seine Stimme war ein Gebot; er war gelehrt, denn er konnte Bücher lesen und war erfahren in allen Geheimnissen der Schafe und der Bienen; er konnte Giftkräuter beschwören, kannte den Lauf der Sterne und wußte aus Wasser-, Sonne- und Mondstand das Wetter für den folgenden Tag, bisweilen auch für eine ganze Jahreszeit zu prophezeien. Man sagte sogar, daß er den Wind zur Umkehr zwingen konnte, und viele Zauberer aus der Gegend, die mit dem »Schwarzen Raben« arbeiteten, waren neidisch auf ihn, weil er mehr konnte als sie und Kraft schöpfte aus den Worten Gottes und der Engel.

Voll hoher Ehrfurcht sahen die Hirten stets zu ihm auf, und nun, in diesem Augenblick, als von Neuem der Stern mit dem Schweif ihr Herz mit Schrecken erfüllte, erwarteten sie, vertrauend auf sein Wissen und seine Weisheit, Erklärung und Trost.

Ruhig, mit verschlossenen Lippen, stand er aufgerichtet da und betrachtete unverwandt mit seinen grauen, rot umränderten Augen die nächtliche Erscheinung. Man sah, daß er gewohnt war, über Flächen und Fernen zu schauen, seine Augen blickten gesenkt und gerade nach vorn wie die der Kamele. Es herrschte eine fragende Stille zu ihm hin, und mit seiner dürren gelben Hand über den spärlichen Stoppelbart streichend, sagte er bedächtig:

»Der Stern erscheint zum zweiten Mal; er kommt, uns etwas zu sagen. Alle Sterne mit einem Schweif kommen, etwas zu sagen. Ich glaube, daß wir es heute noch erfahren werden.«

Zuerst war es nach diesen bestimmten Worten still, doch dann fragte der Bucklige, der auch Schafe kurieren konnte, sonst aber keine Geheimnisse wußte: »Wird es Krieg geben?«

»Oder kommt die Pest?«, fragte eine zitternde, schmale Gestalt mit blassen, blauen Kinderaugen.

»Oder Hungersnot?«, lispelte ein kleiner Dicksack, der noch Schlaf in den Augen hatte und Wolle im Haar.

»Geht die Welt vielleicht unter?«, meinte zähneklappernd das Findelkind.

Die Älteren schwiegen und ließen Bienus das Wort, der nach langem Nachdenken entschied: »Er steht zum zweiten Mal im Osten, er steht zum zweiten Mal über Bethlehem. Er ist derselbe Stern ...«

»Und?«, fragte der blasse Jüngling.

»Ich glaube, daß in Bethlehem große Dinge geschehen werden.«

»Schreckliche Dinge!«, stammelte der Bucklige.

»Aber laß doch Bienus erst mal weiter nachdenken!«, brüllte ein Riese von einem Kerl dem Männlein zu.

Und während Bienus mit all seinem Scharfsinn zu ergründen suchte, warum der Stern dort stand, redeten die andern aufgeregt weiter.

»Ich setze niemals wieder einen Fuß in dieses Teufelsnest«, sagte der kleine Dicksack.

»Wir täten am besten, nach Westen zu ziehen, zu den Dünen und zum Meer«, schlug ein Schwarzbärtiger vor.

»Da gibt's kein Futter für die Schafe«, behauptete der Bucklige.

»Ich bleibe hier nicht«, sagte der Blasse.

»Nein, ich auch nicht, ich auch nicht«, riefen andere.

»Soll ich euch mal was sagen?«, meinte ein kleines, gelbbärtiges

Männlein, so alt wie ein Steinbock. »Bethlehem ist eine schlechte Stadt, eine Stadt, reif für die Sintflut; es sitzt voll von schlechten Weibern, Säufern, Gaunern und Banditen. Es steht kaum noch ein Stein auf dem andern, und von Jahr zu Jahr wachsen da weniger Blätter auf den Bäumen; Hexen und ...«

»Seht, der Stern wird heller!«, riefen Stimmen.

»Er gibt so viel Licht wie der Mond!«, nickte ein plattnäsiger Tropf, der bis dahin noch nichts gesagt hatte.

»Seht mal hinter mir den Schatten!«, rief der Bucklige.

»Und«, fuhr das gelbbärtige Männlein fort, »daß Bethlehem eine verfluchte Stadt ist, das steht in alten Büchern geschrieben. Wir müssen uns auf das Schlimmste gefaßt machen.«

»Hört nur, was da heute erst passiert ist«, sagte der Riese voll Entrüstung: »Der Ludwig aus Gent, der mit seinem Planwagen hier vorbeifuhr, hat mit eigenen Augen gesehen, wie man einer Frau, die jeden Augenblick ein Kind kriegen konnte, die Türe wies. Niemand hat sie aufnehmen wollen, und da war ein alter Mann dabei mit einem Esel. Ist das nicht eine Schande? Ist das nicht viehisch? Ludwig hat nachher noch aus Mitleid danach gesucht, hat sie aber im Menschengewühl nicht mehr gefunden.«

»Aber Ludwig hatte selbst tüchtig mitgefeiert«, lachte der Bucklige,

»Er ist doch eine gute Seele«, sagte der Riese.

»Wo mögen die armen Menschen nun sein?«, fragte eine weiche Stimme.

»Ja, wo mögen sie sein?«, dachten einige laut.

»Weiß der Himmel, ob sie nicht im Schnee umherirren!«, sagte der blasse Jüngling.

»Ach, wenn sie doch hier nur vorbeikämen, wie würde das Kindlein es hier warm haben, inmitten unserer Schafe«, wünschte sich der Knabe.

Und während sie dachten und sprachen von jenen Menschen, die durch Schnee und Dunkelheit nach Hilfe suchten, sah Bienus immerfort, ohne zu blinzeln, nach dem lebenden Licht der Sterne, und der

Klang der Geige, süß wie eine Frauenstimme, entschwebte immer noch in die Nacht.

»Es kräht ein Hahn!«, rief einer.

»Hört, überall krähen Hähne!«, riefen andere.

»Kinder! Kinder! Was wird nicht alles passieren!«, rief der Bucklige und fuhr sich mit den Fingern durchs Haar. »Seht mal die Schafe an, sie sind alle zusammen aufgestanden und gucken mit ihren Köpfen nach Osten.«

»Laßt uns weggehen«, flehte der Junge, weiß wie der Tod, »ich bin so bange!«

Und darauf entstand eine weite Stille, in der die Geige klagte und der Stern heller aufleuchtete.

Würgender legte der Schreck sich um die Herzen der frommen Hirten, die schon lange fortgelaufen wären, tief ins Land hinein, hätte Bienus, der Sterndeuter, da nicht so ruhig und sicher gestanden.

»Ich höre Musik«, flüsterte der Dicksack.

»Das ist der Blinde«, sagte der von Natur streitsüchtige Bucklige.

»Nein, der Blinde ist es nicht«, widersprach der Dicke, »der Blinde ist es auch, aber da ist noch jemand anders, der spielt hoch in der Luft.«

Alle lauschten nun nach einer feinen Musik, die wie ein Tau über die Hügel träufelte; es waren kurze und lange Klänge, hier, dann dort, dann drüben, wie langsame Regentropfen, die jeder einen süßen Ton gaben, wenn sie die Bäume auf der Erde berührten.

»Laßt den Blinden schweigen!«, sagte der Riese.

»Weiß er noch nicht, daß der Stern da ist?«, fragte der blauäugige Junge.

»Wie kann er das wissen«, spottete der Bucklige, »er kann ja nicht sehen! Hört, er schweigt! ... Da kommt er von der Leiter.« Große Füße suchten die Sprossen, und da kam ein linkischer, großer Mensch mit dicken Lippen und geschlossenen Lidern; er trug eine Geige unter dem Arm.

»Wer spielt da so schön?«, fragte er.

»Der Stern mit dem Schweif ist wieder da«, sagte der Bucklige.

»Wo?«, fragte der Blinde.

»Da drüben!«, sagte der Bucklige, und in all seiner Angst wies er auf den herrlichen Stern.

»Wie kannst du nur dem Blinden etwas zeigen!«, brummte der schwarze Riese. »Er steht über Bethlehem, Jodokus, und leuchtet uns wie der Mondschein.«

»Macht er diese Musik?«, fragte der Blinde verwundert. Und wieder entstand eine furchtbare Stille, wie vor einem großen Unwetter; kein Schaf rührte sich, nicht einmal das Reisig knackte. Vor Schreck wurden ihre Gesichter fahl; ein jeder fühlte, daß etwas Gewaltiges im Anzug war, und aller Augen waren auf Bienus gerichtet, als wollten sie Hilfe und Beistand von ihm erflehen.

Und mit bebender Stimme, was noch niemals vorgekommen war, sprach er: »Freunde, etwas Großes bereitet sich vor; ich weiß nicht, was es ist, es kann das Ende der Welt bedeuten; aber laßt uns nicht bange sein, wir haben einen festen Glauben, und alles, was über uns kommen kann, geschieht um eines Besseren willen. Aber laßt uns nun knien und beten, denn meine Worte vermögen nichts und haben ihre Kraft verloren.«

Alle knieten nieder in den Schnee, aber vor Schreck konnte kein einziger beten, und zu nichts geworden, sich zusammenkrümmend, sich klein machend, erwarteten sie das Gewaltige. Bienus indessen hatte doch noch den Mut, im Schein der erlöschenden Flammen aus einem fettigen Büchlein vorzulesen: »Gott ist unsere Zuversicht und Stärke, eine Hilfe in den großen Nöten, die uns getroffen haben. Darum fürchten wir uns nicht, wenngleich die Welt unterginge und die Berge mitten ins Meer sänken, wenngleich das Meer wütete und wallte und von seinem Ungestüm die Berge einfielen.

Dennoch soll die Stadt Gottes fein lustig bleiben mit ihren Brünnlein, da die heiligen Wohnungen des Höchsten sind ...

Die Heiden müssen verzagen und die Königreiche fallen; das Erdreich muß vergehen, wenn er sich hören läßt. Der Herr Zebaoth ist mit uns; der Gott Jakobs ist unser Schutz.

Kommt her und beschauet die Werke des Herrn, der auf Erden solch Zerstören anrichtet, der den Kriegen steuert in aller Welt ...

Seid stille und erkennet, daß ich Gott bin ...«

Aus aller Munde ein Schrei, und plötzlich hoch vor ihnen ein strahlender Engel, von kreisenden Lichtkränzen in tausend Farben umflossen!

Der blasse Jüngling fiel hintenüber, das Buch entglitt Bienus' Hand, der kleine Dicksack schlug die Hände vor die Augen und der Bucklige seinen Hut; einige liefen weg unter das Schutzdach, aber der Blinde lächelte; eine Kuh steckte ihren Kopf ins Stroh, eine andere begann vor Schreck ihr Wasser zu lassen, die Schäferhunde zitterten, den Schwanz zwischen den Beinen, die Ziege riß an ihrem Seil, um loszukommen, während die Schafe holterdiepolter übereinander liefen.

Doch ein Lämmlein lief vom Muttereuter weg und fing an, fröhlich zu blöken an des Engels bloßen Füßen, dessen Nägel wie feingenarbte Meeresmuscheln waren.

All diese bebenden Männer waren umhängt von dem perlmutternen Licht, das von dem Engel kam, aus seinen wassergrünen Mantelfalten, aus seinen goldenen Haaren, dem himmelblauen Kleid und seinen zitternden Flammenflügeln.

Aber als der Engel gesagt hatte mit einer so tiefen, süß tönenden Stimme, daß sie mehr in ihren Herzen sang als aus des Engels Munde: »Fürchtet euch nicht! Denn siehe, ich verkünde euch große Freude, die allem Volk widerfahren wird«, sahen sie voll Demut zu ihm auf; es kam Ruhe unter die Tiere, und die einfältigen Menschen hörten bebend und mit klopfendem Herzen die gewaltige Kunde: daß heute der Heiland geboren war in Gestalt eines kleinen, unmündigen Kindleins, das sie drüben tief im Feld, bei Bethlehem, in Windeln gewickelt finden würden.

FELIX TIMMERMANS

Der kleine Hirte und der große Räuber

LENE MAYER-SKUMANZ

IN JENER NACHT, ALS DIE SCHAFWEIDE vom Glanz der himmlischen Boten ganz erfüllt war, hörte auch ein kleiner Hirte die Nachricht von der Geburt des Gottessohnes. Er stand auf, rollte seine Decke zusammen, füllte einen Krug mit Milch und packte Brot und Schinken in ein Bündel. Das alles wollte er dem göttlichen Kind als Geschenk mitbringen. Voller Freude machte er sich auf den Weg nach Betlehem.

In dieser Gegend hauste ein großer Räuber. Von seiner Höhle aus sah er den hellen Schein über der Schafweide. Er hörte jubelnden Gesang, aber er konnte die Worte nicht verstehen. Er dachte: »Die feiern ein Fest, ich aber sitze allein in meiner Höhle, und mein Magen knurrt vor Hunger. Ich will mich anschleichen und sehen, was ich rauben kann.«

Kaum war der große Räuber aus seiner Höhle herausgekommen, da mußte er sich hinter einem Baum verstecken. Denn einer nach dem anderen zogen die Hirten an ihm vorbei. Sie schleppten Körbe mit Käse und Honig, sie trugen Rucksäcke voll Wolle, und einer führte sogar ein Lamm mit sich. Der letzte in der Reihe war der kleine Hirte. Er ging langsam, denn seine Last war schwer. In der einen Hand trug er das Essensbündel, in der anderen den Krug, und die Rolle mit der Decke hatte er sich um die Schultern gelegt. Der Räuber sah den Abstand zwischen dem Hirten und seiner Herde immer größer werden.

»Das ist mir recht«, dachte der große Räuber. Und er schlich dem kleinen Hirten nach und lauerte auf eine Gelegenheit, ihn zu überfallen.

In dieser Nacht aber herrschte ein seltsames Kommen und Gehen auf allen Wegen. Gerade die Ärmsten im Lande konnten nicht schlafen. Viele krochen aus ihren Hütten, sahen zum Himmel hinauf und fragten, ob etwas Besonderes geschehen sei. Auch ein alter Mann stand vor seiner Tür, als der kleine Hirte vorüberging. Der alte Mann schlug die Hände um seinen Leib und klapperte mit den Zähnen.

»Was ist mir dir?«, fragte der kleine Hirte.

»Ich friere«, sagte der alte Mann. »Vor Kälte kann ich nicht schlafen.«

Da nahm der kleine Hirte die Decke von seinen Schultern und gab sie dem alten Mann. »Nimm nur«, sagte er. »Dem kleinen Gottessohn ist es sicher recht, wenn du seine Decke hast.«

Der große Räuber, der dem kleinen Hirten nachgeschlichen war, ärgerte sich. »Schenkt der die Decke her, die ich rauben will!«, dachte er. Bald darauf fand der kleine Hirte ein Mädchen, das saß vor seiner Hütte und weinte.

»Was ist mir dir?«, fragte er.

»Ich habe Durst«, klagte das Mädchen. »Vor Durst kann ich nicht einschlafen. Und der Weg zum Brunnen ist weit und finster.«

Der kleine Hirte gab dem Mädchen den Krug mit der Milch. »Nimm nur«, sagte er. »Dem kleinen Gottessohn ist es sicher recht, wenn du seine Milch trinkst.« Das Mädchen freute sich, aber der Räuber, der dem kleinen Hirten nachgeschlichen war, ärgerte sich noch mehr. »Schenkt der die Milch her, die ich rauben will!«, dachte er. »Ich muß mich beeilen, daß ich wenigstens das Bündel erwische.«

Und sein hungriger Magen knurrte ganz laut in der stillen Nacht. Bei der nächsten Wegbiegung sprang der Räuber mit einem gewaltigen Satz auf den kleinen Hirten los.

LENE MAYER-SKUMANZ

Der kleine Hirte sah den großen Räuber an. »Ist das dein Magen, der so schrecklich knurrt?«, fragte er. »Die ganze Zeit schon höre ich dieses Knurren hinter mir. Du armer Mann, du tust mir leid. Da nimm und iß! Dem kleinen Gottessohn ist es sicher recht, wenn ich dir sein Essen gebe.«

Der Räuber aß das Brot und den Schinken und ließ nicht das kleinste Stückchen übrig, aber es wurmte ihn, daß er das Essen geschenkt bekommen hatte.

»Jetzt muß ich mit leeren Händen vor dem kleinen Gottessohn stehen«, sagte der Hirte ein bißchen traurig. »Aber hingehen und ihn begrüßen will ich doch und ihm sagen, daß ich mich über seine Geburt freue.« Und er erzählte dem Räuber, was die himmlischen Boten verkündet hatten.

Der Räuber dachte: »Wenn Gottes Sohn geboren ist, kommen bestimmt auch alle reichen Leute, und es wird ein herrliches Fest. Ob da für mich was abfällt?«

»Komm doch mit!« sagte der kleine Hirte mitten in die Gedanken des großen Räubers, und der große Räuber ging mit ihm.

Als sie aber in Betlehem angekommen waren, staunte der Räuber sehr. Denn da fanden sie nur einen Stall, in dem die Hirten ein- und ausgingen, und eine junge Mutter, die aus der Hirtenwolle eine kleine Decke webte, und einen armen Mann, der Bretter zu einem kleinen Bett zusammenfügte. Das göttliche Kind lag in einer Krippe, mit nichts als ein bißchen Stroh und ein paar Windeln unter sich.

»Diesem Kind habe ich das Brot und den Schinken weggegessen«, dachte der große Räuber und schämte sich.

»Schau, mein Jesuskind«, sagte die Mutter Maria, »da ist ein kleiner Hirte zu dir gekommen; er hat dir einen großen Räuber mitgebracht.« Die Mutter Maria lächelte den kleinen Hirten an, und der verstand auf einmal, daß er doch nicht mit leeren Händen gekommen war. Und die Mutter Maria lächelte den großen Räuber an, und der war ganz verwirrt und dachte: Da stimmt etwas nicht! Große Räuber tun keinem leid, bekommen nichts geschenkt und werden von niemandem angelächelt. Mir scheint, ich bin gar kein großer Räuber mehr.

»Mir scheint, du könntest ein großer Hirte werden«, sagte da die Mutter Maria. »Du bist so stark. Starke Hirten braucht man immer.«

»Ich will's versuchen«, brummte der große Räuber, der eigentlich schon keiner mehr war. Und sie verabschiedeten sich und gingen den Weg zu der Schafweide zurück; ein kleiner Hirte und ein großer Hirte.

LENE MAYER-SKUMANZ

Der alte Hirte

Bernhard Lins

In dieser Nacht schliefen die Hirten auf dem Feld bei den Schafen. Sie schliefen ganz fest. Doch als sie hörten, daß in dem kleinen Stall in Bethlehem in dieser Nacht das Christkind geboren war, waren alle auf einmal hellwach. Und als sie hörten, daß das kleine Kind allen Menschen Frieden und Glück bringen wollte, sprangen sie auf und machten sich gleich auf den Weg. Frieden und Glück, das wollte jeder haben.

»He, wartet, laßt mich auch mit!«, rief der alte Hirte den anderen nach.

»Du gehst zu langsam. Wir haben es eilig. Komm uns nach!«, riefen die Hirten zurück.

Der alte Hirte aber wollte nicht mit leeren Händen zum Christuskind kommen. Er wollte das Kind beschenken, obwohl er selbst nur wenig hatte. So füllte er Schafmilch in einen Krug, nahm seinen Stab, ohne den er nur schlecht gehen konnte, und machte sich allein auf den Weg.

Die anderen Hirten waren längst in der dunklen Nacht verschwunden. Sie liefen, so schnell sie nur konnten. »Wo geht's hier zum Stall nach Bethlehem?«, fragten sie einen Mann, der zu dieser späten Stunde noch unterwegs war. Er sagte: »Ich weiß nicht, von welchem Stall ihr redet. Wenn ihr aber den Stall meint, den ich meine, dann lauft erst rechts, dann geradeaus und dann links.«

»Erst rechts, dann geradeaus und dann wieder links?«, sagten die Hirten. »Das ist doch Blödsinn. Wir laufen gleich geradeaus, dann sind wir schneller.«

So liefen sie geradeaus über die Felder. Sie mußten doch schnell beim Christkind sein, ihm all ihre Sorgen erzählen und dann Glück und Frieden bekommen. »Gut, daß wir dem Kind nichts mitbringen müssen«, sagte der jüngste Hirte, »sonst könnten wir nicht so schnell laufen!« Die anderen nahmen sich keine Zeit, darüber nachzudenken, sie mußten ja laufen.

Inzwischen war auch der alte Hirte unterwegs. Mühsam setzte er einen Fuß vor den anderen. Jeder Schritt tat ihm ein bißchen weh, denn heute war er schon weit gegangen. Und seine Füße wollten einfach nicht mehr so wie früher. Um diese Zeit ruhte er sich sonst aus.

Auch der alte Hirte wußte nicht, wo der Stall mit dem kleinen Kind war. Er ging durch die dunkle Nacht und schaute in den sternenklaren Himmel. Ein Stern erschien ihm besonders hell. Er bewegte sich ganz langsam am Himmel, und dem Hirten war es, als würde der Stern ihn führen. Diesem Stern ging er nach.

Die anderen Hirten liefen so schnell, daß sie längst am Stall von Bethlehem vorbeigelaufen waren. Immer wieder fragten sie nach dem Weg, aber niemand konnte ihnen eine genaue Auskunft geben. Schließlich setzten sie sich hin und ruhten sich aus.

Den alten Hirten aber führte der Stern direkt zum Stall. Müde war er, schrecklich müde. Er stützte sich auf seinen Hirtenstab und kniete nieder. Dann gab er den Krug mit der Milch der jungen Frau. »Viel habe ich nicht, was ich euch schenken kann«, sagte er. »Ich bin selbst arm. Ich kann euch nur noch meinen Hirtenstab da lassen. Vielleicht könnt ihr ihn gebrauchen.«

Dann legte er seinen Stab vor die Krippe. Ihm war, als hätte das kleine Kind gelächelt. Dann machte er sich ohne seinen Stab auf den Weg zurück zu seinen Schafen. Er wusste, daß dieser Weg ohne seinen Stab sehr beschwerlich sein würde. Aber wie er so ging, da war ihm, als wäre er wieder jung. Seine Füße, seine Beine wollten wieder wie früher. Er war nicht mehr müde und lief ganz leicht über die Felder von Bethlehem.

Bernhard Lins

Als er bei den Schafen auf dem Feld eintraf, schliefen die anderen Hirten schon ganz fest.

Bald verblaßten die Sterne, und schon frühmorgens machte sich der alte Hirte mit den Schafen auf den Weg. Er hatte in dieser Nacht gar nicht geschlafen und fühlte sich trotzdem ausgeruht.

Die anderen Hirten schliefen in den Tag hinein, und als sie erwachten, suchten sie die Schafe. Doch die waren schon mit dem alten Hirten weit weg auf einer Weide.

Und weil die Hirten so müde waren, legten sie sich wieder hin und verschliefen den Weihnachtstag.

Der alte Hirte aber konnte von dieser Nacht an ohne Stab gehen.

Der blaue Hirtenmantel

WALTER LEUPI

VOR ZWEITAUSEND JAHREN, ALS KAISER AUGUSTUS über das römische Weltreich herrschte, zogen Hirten mit ihren Schafen über den kargen Boden zwischen Galiläa und der Wüste Juda. Damals war es bei ihnen Brauch, die Sonnenwende bei den Tieren zu verbringen. Dies fand zweimal im Jahr statt: in der kürzesten und in der längsten Nacht.

In Bethlehem nahmen es drei alte Hirten mit jener Sitte besonders genau: Gallus, Stichl und Witok. Alle im Städtchen achteten diese Hirten wegen ihrer lauteren Wesensart und ihrer frommen Einsichten. Tatsächlich kannten sie den Namen jedes Steines, wussten jede Blume zu benennen und gaben den Tieren von sich aus die richtigen Namen. Sie vermochten auch die Bahnen der Sterne zu zeichnen, schauten himmlische Geistwesen und wussten sogar, welche Aufgaben die Engel vom lieben Gott zugewiesen bekamen.

Ein Geheimnis teilten sie aber niemandem mit: die bevorstehende Geburt des Messias. Ihnen war nämlich offenbar geworden, der Sohn Gottes werde einmal als Kind auf der Erde geboren und dieses Ereignis finde in Bethlehem statt. – Doch zu welcher Zeit dies geschehen sollte, wurde ihnen nicht enthüllt.

Als zur Winterszeit die längste Nacht anbrach, kehrten Gallus, Stichl und Witok nicht nach Bethlehem zurück, sondern blieben draußen bei den Schafen. Ein frostiger Wind blies über die Steppe. Die Schafe schlossen sich eng zu einer kleinen Herde zusammen. Die Männer suchten Holz und machten vor der Grotte, in der sie übernachten wollten, ein Feuer.

Witok fragte: »Wann wird wohl das Gotteskind geboren?«

»Niemand weiß es«, antwortete Stichl.

Und Gallus sagte: »Wir sind schon alt. Uns bleiben nur noch wenige Jahre zu warten. Doch du, Witok, hast einen Sohn; der wird vielleicht einmal sagen: Ich habe den Christus gesehen.« Witok schüttelte betrübt den Kopf: »Mein Sohn Levi-Matthai will kein Hirte werden. Als Zwölfjähriger treibt er sich am liebsten bei der Garnison römischer Legionäre herum. Dort gibt's für ihn unterhaltsamere Dinge zu erfahren als bei unseren Schafen.«

Von Bethlehem zog sich ein steiniger Weg bis zum Weideplatz. – Kein Ton und kein Geräusch waren zu vernehmen. Der Mond hing wie eine Silberkugel am Himmel, und Levi meinte sogar zu hören, wie das bleiche Mondlicht sacht über die Oleanderbüsche glitt.

Auf einmal wurde die Nacht stockfinster. Levis Füße mussten sich vorantasten. Wüstenfüchse folgten in einiger Entfernung. Ihre Augen leuchteten wie kleine Flämmchen, und nur wenn die scheuen Tiere die Lider schlossen, erloschen die Fünklein. Levi kam zu den Grotten, wo es nach Schafen roch. Die Hunde gaben Laut. Vor einer Höhle flackerte ein Feuer. Dort vermutete er seinen Vater Witok sowie Gallus und Stichl. Doch so sehr er nach ihnen rief und sie suchte, er fand die Männer nicht. In der Grotte aber lag wie hingeworfen ein Mantel. Levi erkannte ihn; er gehörte seinem Vater. Da er die Kälte der Nacht spürte, schlüpfte er in den übergroßen Mantel und legte Holz auf die Glut. Im flackernden Licht glaubte er manchmal seines Vaters Gestalt beim Höhlenausgang zu sehen. Aber immer war es eine Täuschung. Schließlich schlief er ein.

Noch war es finster, als er erwachte. Das Lagerfeuer war längst erloschen und die Asche kalt geworden. Im Osten bildete sich langsam ein silbriger Streifen. In ihm erwachte der kommende Tag. Ab und zu reckt ein halbwaches Tier den Kopf und stieß dabei sein Gehörn in die Lenden des andern. Levis Lippen waren trocken, er band den Hirtenmantel enger. Dann ging er hinaus, um wieder nach den Männern zu suchen.

Plötzlich vernahm er Schritte und Stimmen. Er eilte ihnen entgegen. Aus der Dämmerung kam ein Mann auf ihn zu. Hinter diesem folgte ein Esel, auf dem eine Frau saß. Sie war in ein Tuch gehüllt und hielt ihre Arme wie eine Mutter, die ein Kindlein trägt. Der Mann wollte an Levi vorbeihasten. Doch die Frau sagte zu ihm: »Ich bin müde, Joseph. Wir wollen einen Augenblick ruhen.«

»Rasten? Wir sind auf der Flucht! Dieser Hirte könnte uns verraten.«

»Wer bist du, Knabe?«, fragte die Frau.

»Levi-Matthai«.

»Suchst du deinen Vater? Diese Nacht haben uns drei Hirten in Bethlehem besucht. Vielleicht war er dabei. Sie kamen, um unser Kindlein anzubeten.«

Levi verstand nicht, was die Frau meinte.

»Kommt«, sagte er, »in der Grotte könnt ihr euch ausruhen.«

Der Bub fasste den Esel am Halfter. Die sonst argwöhnischen Hunde folgten wedelnd. Die Schafe erwachten und drängten sich herbei.

In der Höhle legte die junge Frau ihren Überwurf ab, wickelte das neu geborene Kindlein hinein und bettete es behutsam auf den Boden. Sie fröstelte.

»Kalte Nächte machen mir wenig aus«, sagte Levi, als er sie vor Kälte zittern sah. »Nimm meinen Mantel.«

»Du guter Levi-Matthai! Der Himmel wird es dir vergelten.« Ihre Stimme klang weich und liebevoll: »Noch weißt du nicht, wem du den Mantel gegeben hast. Ich heiße Maria, und das Knäblein heißt Jesus.«

Zur gleichen Stunde jagten zwei Reiter daher. Wolken von Sand wirbelten hinter ihnen auf. Die Schafe stoben auseinander.

Vor Levi hielten die Reiter an. Ihre Hengste troffen vor Schweiß, Schaumfetzen hingen um das Zaumzeug.

»Ist dir ein Mann mit Weib und Kind begegnet?«, fragte der eine.

Levi antwortete nicht.

»Wo haben sie sich versteckt?«, schrie der andere.

Trotzig schwieg der Bub.

»Dort drinnen könnten sie sein!« Der erste Reiter wies zur Höhle.

»Dummkopf, das sind doch zwei Hirten. Einer trägt ja einen Schäfermantel. Wir vergeuden hier nur die Zeit. – Los, zurück nach Bethlehem!« Er gab dem Hengst die Sporen. Der andere Reiter sprengte ihm nach.

Maria trat aus der Grotte und umarmte Levi. »Du hast das Gotteskind gerettet, lieber Bub! Da, nimm deinen Mantel wieder. Wir fliehen nach Ägypten und brauchen ihn nicht mehr. Trag Sorge zu ihm; wenn das Jesuskind zum Mann herangewachsen ist, wird es dich daran wiedererkennen.«

Levi starrte den Mantel an: Die Farbe des Mantels war mit einemmal blau!

Dreißig Jahre später kam Jesus Christus mit elf Jüngern in Kafarnaum an einem römischen Zollhaus vorbei. Unter den Zöllnern befand sich einer in einem ausgetragenen Mantel. Jesus redete den Mann an: »Du bist Levi-Matthai! Von jetzt an sollst du Matthäus heißen.«

Der Zöllner war fassungslos. Er fiel vor Jesus auf die Knie und stammelte: »Wie lange habe ich gewartet! Sieh, Herr, mein Mantel ist abgenutzt und hat in der langen Zeit seine blaue Farbe verloren. Trotzdem hast du mich erkannt!«

Da segnete ihn Jesus, hieß ihn aufstehen und sagte: »Du wirst als mein Begleiter noch andere Zeichen und Wunder sehen. Komm mit!«

Und der Zöllner wurde der zwölfte Apostel.

4

Die Weisen aus dem Morgenland

Wir sind mit unsrer Königsmacht …

MANFRED HAUSMANN

Wir sind mit unsrer Königsmacht
schwermütig hergeritten.
Es schneite auf uns Tag und Nacht,
auf Mann und Pferd und Schlitten.

Die Tür geht auf, es summt der Wind,
wir beugen unsern Rücken,
da wir die Krippe und das Kind
im Dämmerlicht erblicken.

Hier ist das Gold, der Weihrauch hier
und hier, o Kind, die Myrrhen.
Du lächelst, und schon fühlen wir,
wie wir uns ganz verwirren.

Wir haben anders dich geglaubt.
Nun treten wir ins Dunkel
und heben ab von unserm Haupt
der Kronen Goldgefunkel.

MANFRED HAUSMANN

Das Wissen von der bunten Welt,
vom Meer und seinen Häfen,
von Mond und Stern am Himmelszelt,
wir streifen's von den Schläfen.

Das Ich, das trotzig sich erschuf
über den andern allen,
will nun wie ein verlorner Ruf
im Innersten verhallen.

Wir neigen unsers Alters Gram
auf deine kleinen Hände.
Und in den Neigen wundersam
geht alle Not zu Ende.

Die Pferde draußen schütteln sich
und klirren mit den Glocken.
Und lautlos fallen Strich an Strich
darüber hin die Flocken.

Als Jesus zur Zeit des Königs Herodes in Betlehem in Judäa geboren worden war, kamen Sterndeuter aus dem Osten nach Jerusalem und fragten: Wo ist der neugeborene König der Juden? Wir haben seinen Stern aufgehen sehen und sind gekommen, um ihm zu huldigen.

Als König Herodes das hörte, erschrak er und mit ihm ganz Jerusalem. Er ließ alle Hohenpriester und Schriftgelehrten des Volkes zusammenkommen und erkundigte sich bei ihnen, wo der Messias geboren werden solle.

Sie antworteten ihm: In Betlehem in Judäa; denn so steht es bei dem Propheten:

Du, Betlehem, im Gebiet von Juda, bist keineswegs die unbedeutendste unter den führenden Städten von Juda; denn aus dir wird ein Fürst hervorgehen, der Hirt meines Volkes Israel.

Danach rief Herodes die Sterndeuter heimlich zu sich und ließ sich von ihnen genau sagen, wann der Stern erschienen war. Dann schickte er sie nach Betlehem und sagte: Geht und forscht sorgfältig nach, wo das Kind ist; und wenn ihr es gefunden habt, berichtet mir, damit auch ich hingehe und ihm huldige.

Nach diesen Worten des Königs machten sie sich auf den Weg. Und der Stern, den sie hatten aufgehen sehen, zog vor ihnen her bis zu dem Ort, wo das Kind war; dort blieb er stehen. Als sie den Stern sahen, wurden sie von sehr großer Freude erfüllt.

Sie gingen in das Haus und sahen das Kind und Maria, seine Mutter; da fielen sie nieder und huldigten ihm. Dann holten sie ihre Schätze hervor und brachten ihm Gold, Weihrauch und Myrrhe als Gaben dar.

Weil ihnen aber im Traum geboten wurde, nicht zu Herodes zurückzukehren, zogen sie auf einem anderen Weg heim in ihr Land.

Matthäus 2,1–12

Die drei Könige

Johann Peter Hebel

Es kamen auch von Gott ermahnt mit kostbaren Geschenken weise Männer aus Morgenland, aus einem entfernten Lande nach Jerusalem, und fragten: »Wo ist der neugeborne König der Juden? Wir haben seinen Stern gesehen im Morgenlande und sind gekommen, ihn anzubeten.« Sie meinten, er sei in Jerusalem geboren, wo dazumal der unfromme König Herodes wohnte. Sie dachten nicht anders, als daß ganz Jerusalem werde voll Freude sein, jedes Kind auf der Gasse werde ihnen Rede und Antwort geben können auf ihre Frage. O, wie verwunderten sie sich, als alles so stille war! Es war alles so stille, als wenn nichts geschehen wäre. Wen sie fragten, der wußte nichts von dem neugebornen Wunderkind.

Sie kamen bis vor den König Herodes. Er wußte auch noch nichts. Er mußte erst von diesen landesfremden Menschen erfahren, was den frommen Hirten die Engel verkündet hatten, und die Nachricht war ihm auch nicht so erfreulich. Denn als die Weisen nach dem neugebornen König fragten, erschrak er, der arme Mensch, auf seinem Königsthron! Was den unschuldigen Hirten und dem gottesfürchtigen Simeon und allen frommen Menschen eine Freude war, darob erschrak er. Denn die Gottlosen haben keinen Frieden in ihrem Herzen. Herodes faßte den verruchten Gedanken, er wolle das Kindlein töten lassen, daß es ihm nicht einst seine Krone nehme. Zu dem Ende fragte er zuerst die Priester und Schriftgelehrten, ob sie ihm nicht könnten sagen, wo Christus sollte geboren werden? Sie antworteten ihm: Zu Bethlehem, denn also sei geschrieben durch den Propheten Micha.

Hierauf schickte er die Weisen nach Bethlehem und sprach zu ihnen mit tückischer Verstellung: Sie sollten sich ja sorgfältig nach dem Kind erkundigen, und wenn sie es gefunden hätten, sollten sie ihm wieder Nachricht geben, er wolle auch kommen und es anbeten.

Die Weisen kamen nach Bethlehem und fanden das Haus, worin Jesus lag, und freuten sich sehr, die geraden und frommen Männer. Sie knieten vor dem Kindlein nieder und schenkten ihm Gold, Weihrauch und Myrrhen. Als sie aber ihren Heimweg wieder antreten wollten, warnte sie Gott, daß sie nicht nach Jerusalem zurückkehrten. Sie zogen auf einem anderen Weg wieder in ihr Land. Darüber erzürnte sich der König Herodes und fürchtete sich so sehr vor dem unschuldigen Kinde, daß er den grausamen Befehl ergehen ließ, alle Kinder in Bethlehem zu töten, die zwei Jahre alt und jünger wären, damit er das rechte gewiß nicht verfehlen möchte.

Aber der Menschen Grausamkeit und List vermag nichts gegen Gott – denn wo waren damals das Kind Jesus und seine Mutter und sein Pflegevater Joseph? In Bethlehem nicht mehr, auch nicht mehr im Lande Juda, sondern in Ägypten. Denn dahin hatte sie Gott gehen lassen, daß das Kind gerettet würde. Als aber Herodes, der Blutdürstige, gestorben war, kehrten sie wieder zurück in das Land und wohnten von der Zeit an wieder in Galiläa in der Stadt Nazareth.

Johann Peter Hebel

Die Anbetung der Könige

LEO WEISMANTEL

DER ZUG DER KÖNIGE KAM DANN DURCH DIE GASSEN VON BETHLEHEM; die ganze Stadt geriet da in einen Aufruhr, alles Volk lief neben dem Zug der Könige her und hinter ihm drein, alles frug sich, was das bedeuten solle, und keiner wußte doch recht, woher dies alles komme und wohin es führe.

Der Zug ging dann durch die bedeckte Gasse und machte vor jenem alten Stallgemäuer halt. Die drei Könige traten vor und schauten durch den Türspalt in den Schuppen. Da gewahrten sie das göttliche Kind und die Jungfrau Maria ihrer schon wartend. Der Nährvater Josef war aus der bedeckten Gasse heimgekommen und hatte Maria die Ankunft der Könige gemeldet.

Nun war König Balthasar der jüngste der drei Könige und so war er dem Alter nach der Geringste an Würden und durfte erst als Letzter das Kindlein begrüßen. Wie so die drei Könige vor der Türe standen, in einer seltsamen Scheu noch zögerten, über die Schwelle zu schreiten, da sie das Kind schon gewahrten und es von einem überirdischen Licht umflossen sahen, da stieg König Balthasar eine solche Glut der Liebe im Herzen auf, daß er wünschte, er möge doch der Älteste der drei Könige sein und er wollte alle Jahre seines Lebens hingeben, wenn er nur als Erster die Schwelle überschreiten und das Kindlein grüßen dürfe.

Und wie er so dachte, wurden seine Haare grau und die anderen gewahrten das; er stand unter ihnen, er schien ihnen allen als der Älteste. Da traten die beiden anderen Könige Kaspar und Melchior zur

Seite und ließen Balthasar das Kindlein grüßen. König Balthasar trat über die Schwelle in den Stall, doch er gewahrte nichts von all der Armut, die um ihn war. Als trete er in einen gewaltigen Palast, schritt er auf die Krippe zu und beugte das Knie vor dem Kind, hob nur scheu die Augen und die Hände, als wolle er das Kind berühren und wagte es vor Ehrfurcht dennoch nicht. Da beugte sich das Kind vor und legte sein rechtes Händchen König Balthasar auf die Stirn und zeichnete mit dem Daumen ein Kreuz. Das blieb eingeprägt in der Stirn des Königs haften, daß alles Volk noch in späteren Jahren sehen konnte, wo die Hand des Kindes gelegen und wo sein Finger das Kreuz gezeichnet hatte.

Von dem Kinde und seiner Mutter ging ein blaues, geheimnisvolles Leuchten aus, das nur die heiligen drei Könige gewahrten. Dies Leuchten ging wie ein Licht in die Finsternis; da war es, als sei es bis zur Stunde Nacht gewesen, und alles, was die Nacht in sich verborgen hatte, kam nun vor und wurde sichtbar.

Wer sollte die Wunder begreifen, die sie da sahen? Denn alle, die davon erzählten, haben es nicht mit eigenen Augen gesehen, sondern haben nur den Widerschein all der Gesichte aus den Zügen der heiligen drei Könige erschaut. Es ist uns überliefert, daß Adam und Eva, die Stammeltern des Paradieses, von Gott solche Gnaden des Geistes erhalten hatten, daß sie alles gewahrten, was Gott geschaffen hatte. Ihre Augen drangen in das Geheimnis des letzten Samenkorns und schauten die Glorie der Cherubim.

Aber als die Sünde über sie kam, zerfraß der Wurm der Schuld die Sehkraft ihrer Augen. Was wir Menschen heute Tag und Nacht nennen, ist nur der schwache Schein eines uns unendlich entrückten Geschehnisses. Das Gesicht der Cherubim ist den Menschen entschwunden, der Wurm, einst unseren Augen eine Glorieschöpfung des allmächtigen Gottes, kriecht als Jammergebilde zu unseren Füßen. Nur ein verschüttetes Erinnern und eine irre Sehnsucht geht durch uns Menschen. Und wie wir uns mühen, in die Geheimnisse der Schöpfung und der Welt einzudringen, ist all dies nichts als das Tasten eines Blinden, das Heben der Hände und Füße eines Gelähmten.

In jenem Augenblick aber im Stalle von Bethlehem gab Gott den Königen der Heidenschaft von seinem Licht. Und wie der Herr, als er unter den Menschen ging, zuweilen das Ohr eines Tauben, das Auge eines Blinden, den Mund eines Stummen berührte und sagte: »Tu dich auf«, – so tat Gott der Vater es in der Stunde der Anbetung seines Sohnes auf Erden, – da drang die Gnade in die Könige der Heidenschaft, drang ein wie ein Sturzbach im Föhnwind des Frühjahrs und schmolz das Eis und führte den Schmutz der Erbsünde aus ihnen fort, daß ihre Augen wieder lebend, ihre Ohren wieder hörend, ihr Mund wieder der Sprache mächtig wurden.

Da sahen sie das Kind und sahen, wer es war, sahen Maria seine Mutter, die Königin des Himmels und der Erde und den Nährvater Joseph, den Hüter des Kindes auf der irdischen Wanderschaft, sahen sie verkleidet in der niedrigen Gestalt der Magd und des Zimmermanns, daß ihre Schönheit und Macht nur um so größer war im Lande der Dämonen und der irdischen Finsternis. Da sahen die Könige wie der Stall sich füllte mit den Engeln und seligen Geistern, sahen alle Kreatur der Erde, – hörten das Rauschen der Ströme und das Brausen der Winde, sahen wie die Blumen und Wälder und die Tiere der Berge und der Ebene erschauerten vom Leben des Einen, der sie geschaffen hatte, jedes Geheimnis sahen sie enthüllt, das als Wunder oder Schuld im Gras umging, im Maultier der Felspfade und im Diener, der hinter ihm stand, – sahen über alle Zeiten die Dinge, die geschehen waren von der Erschaffung der Engel und der Erde, sahen den Sturz Luzifers und Adams und Evas, – sahen Moses und Abraham und die kommenden Geschlechter, – sahen die Bundeslade des alten Testamentes und den Altar des neuen Bundes, sahen die Wallfahrer ohne Zahl, sahen die Erlauchten der Vorhölle, die Verdammten der Tiefe, – sahen das Tal Josaphat am Tage des Gerichts und alle Kreatur, Stein und Gras und Tier und Mensch und Geister sangen:

»Ehre sei Gott in der Höhe und Friede den Menschen auf Erden, die guten Willens sind«, sangen auch schwebend um Maria:

»Selig der Leib, der ihn getragen,
Selig die Brüste, die ihn genährt.«

So sahen die drei Könige der Heidenschaft, so hörten sie, so sangen sie die Allmacht des Kindes, vor dem sie in die Knie brachen vor solcher Schau, – nur einen Augenblick ging das Licht über sie, – dann nahm Gott es wieder von ihnen fort, – wie ein Tag versinkt im Raunen der Nacht, versank das Gesicht der himmlischen Chöre und der Völker, die da gewesen sind, waren und kommen werden, – ihre Stimme wurde wie Geräusch eines Windes, der weithin fort über die Berge zieht, – doch blieb das Rauschen in ihnen wie die Brandung eines fernen Meeres, – es blieb das Licht in ihnen wie ein Traum, den sie nie vergäßen, – denn das Geheimnis dieser Stunde sollte tief in den Königen der Heidenschaft ruhen, wie ein Samenkorn im Frühjahr in die Furche des Erdreichs gelegt wird, ist aber das Samenkorn gelegt, wird die Furche verschüttet, daß das Samenkorn auferstehe nach dem Gesetz des Wachstums aus der verschütteten Erde, – über der, obwohl sie gefallen ist, Gottes Sonne liegt. So war es nach menschlichem Ermessen nur ein Augenblick gewesen, daß die heiligen drei Könige in ihrer Verzückung das Wunder der Schau empfangen hatten. Nun standen sie, vom Schauen durchgerüttelt, aus Traumlanden kommend, verlustig wieder ihrer eigenen Gesichte da.

Da entsannen sie sich, daß sie dem Kinde opfern wollten. Verwirrt griffen sie in die Schätze hinein, die ihre Diener ihnen darboten und griffen nur irgendeines und reichten es dem Kinde hin. Balthasar opferte als Erster. Als er die Hände dem Kinde entgegenhob, sah er selbst und sah das Kind, daß es Weihrauch war, was da in der Hand des Königs Balthasar war und das Kind sah, daß dieser Weihrauch bestimmt war, auf dem Altar des Alten Bundes zu verbrennen als ein Opfer aus seiner, des Kindes Hand. Da öffnete das Kind zum ersten Male seinen Mund und sagte: »Sei bedankt«.

LEO WEISMANTEL

An zweiter Stelle opferte König Melchior; auch er griff voll Verwirrung in die Geschenke, die seine Diener ihm herbeigebracht hatten und griff einen goldenen Apfel heraus. Es war jener Apfel, den Kaiser Alexander von einem Künstler hatte schaffen und in den er das Bild der ganzen Erde hatte eingraben lassen, daß er, sobald er auf seinem Throne saß, voll stolz das Bild des ganzen Erdballs umgreifen könne. Wie nun aber das göttliche Kind den Apfel der irdischen Macht empfing, zerfiel dieser Apfel und das Gold, aus dem er gebildet war, in Staub. König Melchior griff zum zweiten Male in seine Schätze. Jetzt war es ein kleines Beutelchen, das ihm in die Hand geriet; er öffnete es und schüttete den Inhalt in seine Hand. Es waren dreißig Goldpfennige, die man dort zu Land auch »Silberlinge« nannte, da »Silberling« soviel wie Münze hieß; er breitete die Goldpfennige, die dreißig – auf seiner Hand aus, daß das Kind sie sehen und damit spielen könne. Da fuhr ein Schauer des Schmerzes in das Kind, wie es die dreißig Goldpfennige sah und es sagte zitternd: »Sei bedankt«, denn es sah, daß es die dreißig Silberlinge jenes Kaufpreises waren, um den der Menschensohn sollte verraten werden. Das Kind barg sein Gesicht an der Brust der Mutter und klammerte sich an ihre Schultern. König Melchior erschrak und Maria nahm die Silberlinge und das Beutelchen von seiner zitternden Hand und strich ihm über die Hand hin, daß ihm der Schreck genommen werde; sie barg das Beutelchen und wußte nicht, was darinnen war. König Melchior taumelte zur Seite.

König Kaspar trat vor, dem göttlichen Kinde zu huldigen. Doch zögerte König Kaspar, dem Kinde seine Gaben darzureichen, denn er spürte, wie auch König Melchior und die heilige Mutter, daß das Kind in den Geschenken Dinge sah, die ihren eigenen Augen verborgen waren. Doch kniete ein Knecht neben den König nieder und reichte ihm einen kleinen Schrein, der angefüllt mit Geschenken war, so daß König Kaspar im Zwange des Augenblicks in diesen Schrein griff und etwas herausnahm und es dem Kinde reichte. Da waren es Myrrhen. Die Augen des Kindes wurden wieder weit und sehend, das Kind legte sein

Händchen auf das Geschenk und die Hände des Königs Kaspar, denn das Kind sah, wie diese Myrrhe ihm selbst gereicht würde nach 33 Jahren in der Stunde seines Todes, wie es, aufgewachsen als ein Mann, an ein Kreuz geschlagen über den Felsen von Golgatha hing. Da sagte das Kind zitternd: »Sei bedankt«, und hob die Händchen vor seine Augen, als wolle es seine Augen schließen, daß sie das Grauenhafte nicht mehr sähen.

Doch dann streckte das Kind mit einer jähen Bewegung seine beiden Händchen den drei Königen entgegen, als wolle es all die Erinnerungen in ihnen auslöschen in diesen Augenblicken einer entsetzlichen Schau der Dinge, die da kommen werden und als wolle es ihnen nur seine Liebe bezeugen und sagte wiederum zu ihnen allen: »Seid bedankt.«

Das Kind war in jener Stunde 13 Tage alt, und ob all dieser Wunder erschraken die Könige so sehr, daß sie sich dreimal in den Staub niederwarfen und versunken in Andacht beteten und das Grauen hinweg beteten aus ihrer Seele und dann wieder trunken wurden von dem Glück, das über allem Grauen sie in dieser Stunde empfangen hatten. Dann standen sie auf und es war ihnen auf einmal, als seien die Geschenke, die sie gebracht hatten, Nichtswürdiges und Unwürdiges diesem Kinde, und sie nahmen außer dem, was sie dem Kinde schon gegeben hatten, in dieser Verwirrung alles wieder mit fort, als erkännten sie jetzt erst, daß sie Bettler geworden waren vor dem, vor dessen Angesicht sie im Staub lagen. So waren alle Geschehnisse ihnen wie ein Traum ...

Leo Weismantel

Die Legende von den Heiligen Drei Königen

JOHANNES VON HILDESHEIM

ALS NUN IN BETHLEHEM CHRISTUS, Gott und Mensch, geboren wurde, da ließ der allmächtige Gott, der allen denen nahe ist, die ihn wahrhaftig anrufen, jenen Stern aufgehen, den Bileam verkündet hatte. Sehnsüchtig hatten ihn seit langer Zeit die zwölf Sternkundigen auf dem Berge Vaus erwartet. Und es geschah, daß in der gleichen Nacht und zu der gleichen Stunde, in welcher der Herr geboren ward, der Stern über dem Berge Vaus aufging. Langsam stieg er auf, wie ein Adler emporfliegt, und blieb den ganzen Tag unbeweglich über dem Berge stehen. Er erstrahlte wie die Sonne und erhellte die ganze Welt. Als die Sonne in den Mittag hinaufstieg, konnte sie ihn nicht verdunkeln, beide – Sonne und Stern – leuchteten in gleicher lichter Klarheit. Der Stern sah aber nicht so aus, wie er in unseren Kirchen gemalt wird, sondern es gingen viele lange Strahlen von ihm aus, die wie Fackeln brannten; und wie der Adler mit seinen Schwingen die Luft schlägt, so bewegten sich seine Strahlen. In sich trug er die Gestalt eines Kindleins, darüber das Zeichen des Kreuzes, und eine Stimme sprach aus dem Stern: »Heute ist der Herr geboren, der König der Juden, der die Erwartung der Heiden und ihr Herr ist – geht und suchet ihn und betet ihn an!«

Die drei Könige rüsteten sich – jeder in seinem Reiche – mit aller Pracht und Kostbarkeit und großem Gefolge für die Reise und machten sich auf den Weg. Keiner wußte von dem andern, doch wurde jeder von ihnen auf seinem Wege von dem Stern geführt: Er wanderte mit ihnen weiter, wenn sie ritten, er stand mit ihnen still, wenn sie anhielten. Bei Nacht leuchtete er nicht wie ein Stern oder wie der Mond:

Strahlend hell wie die Sonne stand er über ihrem Wege. Da zu dieser Zeit Friede herrschte auf der ganzen Erde, standen die Stadttore überall Tag und Nacht offen. Die Bewohner der Städte und Dörfer, durch die sie zogen, erschraken und waren voller Verwunderung; denn sie sahen Könige mit großem Gefolge, und auf ihrem Wege war es taghell – auch in der Nacht. Niemand wußte, woher sie kamen und wohin sie gingen, am Morgen waren die Wege von den Hufen unzähliger Tiere zerstampft. Von solchem Geschehen sprach man noch lange Zeit.

Die drei ruhmreichen Könige kamen bald in andere Länder und fremde Gegenden. Jeder zog seinen Weg über Flüsse, Wüsten und Berge, durch Ebenen und schreckliche Sümpfe, ohne irgendwelche Hindernisse. Alle schwierigen und steilen Wege wurden vor ihnen leicht und eben. Sie ruhten weder Tag noch Nacht, sie brauchten weder Speise noch Trank, ohne zu essen und ohne zu schlafen kamen sie bis nach Bethlehem; es schien ihnen wie *ein* Tag zu sein!

Gott konnte die drei Könige in *einem* Augenblick fernher aus dem Morgenland nach Juda führen. Nach dem Willen des allmächtigen Gottes wurde sein Sohn für uns in Armut und Erniedrigung geboren, aber mit der Macht seiner göttlichen Majestät wollte er diese Geburt im Himmel und auf Erden wunderbar und herrlich verkünden! Die ruhmvollen Könige näherten sich mit ihrem Gefolge, jeder auf seinem Wege, der Stadt Jerusalem bis auf zwei Meilen. Da plötzlich bedeckte dichter Nebel und undurchdringliche Finsternis das ganze Land. Und sie verloren den Stern. So geschah, wie Isaias prophezeit hatte: »Auf, werde Licht, Jerusalem, denn dein Licht will kommen, die Herrlichkeit des Herrn erstrahlet dir. Denn Finsternis bedecket die Erde und Wolkendunkel die Nationen.«

Zuerst kam König Melchior mit seinem Gefolge vor Jerusalem auf dem Kalvarienberge an, auf dem später der Herr gekreuzigt wurde. Auf Gottes Geheiß lagerte er hier in Nebel und Dunkelheit. Der Kalvarienberg ist ein hoher Fels, fast zwölf Stufen hoch, hier wurden damals die Verbrecher hingerichtet. In der Nähe liefen drei Straßen zusammen, dort blieb Melchior, weil er im Nebel den rechten Weg nicht wußte. Später erbaute die edle Helena auf dem Kalvarienberg und über dem Grab des Herrn eine Kirche. Der Priester Johannes und die Fürsten der Nubier ließen eine kleine Kapelle in den harten Felsen hauen und weihten sie zu Ehren Christi und seiner Mutter Maria und zum Gedenken der drei Könige. Sie hieß die »Kapelle der Nubier«.

Bald darauf kam Balthasar, der König von Godolien und Saba, mit seinem Gefolge und lagerte nahe dem Ölberg bei einem kleinen Dorf, das Galiläa heißt. Von diesem Dorf ist bei den Evangelisten und in den heiligen Schriften oft die Rede, denn hier trafen sich die Jünger vor und nach der Auferstehung des Herrn. Aus Furcht vor den Juden kamen sie hier – außerhalb von Jerusalem – heimlich zusammen. Hier ist ihnen der Herr nach seiner Auferstehung öfter erschienen, wie es in der Schrift heißt: »Er wird euch nach Galiläa vorausgehen, dort werdet ihr Ihn sehen.«

Als die beiden Könige Melchior und Balthasar hier rasteten, hob sich der Nebel ein wenig, aber der Stern schien nicht. Beide – doch ohne einander zu sehen – zogen etwas weiter, und als sie an die Wegkreuzung gelangten, da gerade kam Caspar, der König von Tharsis und der Insel Egrisoulla, mit seinem Gefolge herauf. An dieser Kreuzung dreier Straßen trafen sich die Könige. Nie zuvor hatten sie sich gesehen, und sie kannten einander nicht. Jetzt aber umarmten und küßten sie sich voller Freude. Obwohl sie verschiedene Sprachen redeten, verstanden sie sich. Jeder erzählte den Anlaß zu seiner Reise, und als sie erkannten, daß sie alle drei dasselbe Ziel hatten, wurden sie noch froher und freudiger. In diesem Augenblick zerteilte sich der Nebel völlig, die Sonne ging auf, und die Könige zogen ein in Jerusalem. Sie erfuhren, es sei die Königsstadt, die ihre Vorfahren oft erobert hatten; sie hofften, hier den neugeborenen König zu finden.

Vor solch einem riesigen, wohl gerüsteten und unerwarteten Zuge erschraken Herodes und die ganze Stadt, denn das gesamte Gefolge war nun so groß, daß die Mauern die Menge der Menschen und Tiere nicht fassen konnten; der größte Teil mußte außerhalb bleiben und lag wie ein Belagerungsheer rings um die Stadt.

Als die drei Könige nun in Jerusalem einzogen, fragten sie alle Leute in den Straßen nach dem neugeborenen König der Juden. Der König Herodes, den die Römer eingesetzt hatten, war damals schon ein älterer Mann. Das Evangelium erzählt: »Als Jesus in Bethlehem in Judäa geboren war, in den Tagen des Königs Herodes, siehe, da erschienen Weise aus dem Morgenland in Jerusalem. Sie fragten: ›Wo ist der neugeborene König der Juden? Wir haben Seinen Stern aufleuchten sehen und sind gekommen, um Ihm zu huldigen.‹ Als der König Herodes dies hörte, geriet er in Erregung und ganz Jerusalem mit ihm. Er ließ alle Oberpriester und Schriftgelehrten des Volkes zusammenkommen und fragte sie aus, wo der Christus geboren werden solle. Sie gaben ihm zur Antwort: ›Zu Bethlehem in Judäa. Denn also steht beim Propheten geschrieben: Und du, Bethlehem im Lande Juda, bist keineswegs die geringste unter den Fürstenstädten Judas; denn aus dir wird der Fürst hervorgehen, der Mein Volk Israel regieren soll.‹ Hiernach beschied Herodes die Weisen heimlich zu sich und suchte von ihnen genau die Zeit der Sternerscheinung zu erfahren. Darauf wies er sie nach Bethlehem und sprach: ›Geht, suchet eifrig nach dem Kinde. Und sobald ihr Es gefunden habt, sagt es mir, damit dann auch ich Ihm dort huldige.‹ Als sie dies vom Könige vernommen hatten, machten sie sich auf den Weg. Und siehe, der Stern, den sie bei seinem Aufleuchten gesehen hatten, ging vor ihnen her.« Er ging vor ihnen her bis nach Bethlehem, das zwei kleine Meilen von Jerusalem entfernt liegt. Ihr Weg führte an den Weiden vorbei, wo der Engel den Hirten die Geburt des Herrn verkündet hatte.

Als die Hirten die Könige und den Stern erblickten, liefen sie eilig herbei und erzählten, daß ihnen in solch strahlendem Himmelslicht ein Engel erschienen sei und ihnen die Geburt des Herrn verkündet habe. Auch berichteten sie alles, was sie in Bethlehem gehört und gesehen hatten.

Johannes von Hildesheim

Die drei Könige gaben den Hirten reiche Geschenke; dann verabschiedeten sie sich und ritten weiter. Kurz vor Bethlehem saßen sie ab, kleideten sich in ihre königlichen Gewänder und legten ihren schönsten Schmuck an. Wiederum ging der Stern vor ihnen her, und je näher sie Bethlehem kamen, desto heller erstrahlte sein Licht. Sie waren in der ersten Stunde von Jerusalem aufgebrochen, in der sechsten Stunde des gleichen Tages kamen sie nach Bethlehem. Sie ritten durch die Straße, die »die Bedeckte« hieß, an deren Ende der Stall und die Höhle lag. Und plötzlich blieb der Stern über dem Stalle stehen. Er senkte sich herab zwischen die verfallenen Wände aus Lehm und Stein und leuchtete dort mit unbeschreiblicher Klarheit. Der alte Stall und die Höhle waren voll strahlenden Lichtes. Dann stieg der Stern wieder in die Höhe des Himmels und stand dort unbeweglich. Doch ein wundersamer Glanz verblieb in der Höhle, und »sie traten in das Haus, sahen das Kind mit Maria, Seiner Mutter, fielen nieder und huldigten Ihm. Dann öffneten sie ihre Truhen und brachten Ihm Geschenke dar: Gold, Weihrauch und Myrre.«

An dem Tage, als die drei Könige den Herrn in Bethlehem anbeteten und beschenkten, war Jesus ein Kindlein von dreizehn Tagen, und für sein Alter war er ein kräftiges Kind. Er war bis an die Arme in dürftige Windeln gewickelt und lag auf dem Heu in der Krippe. Seine Mutter Maria war von rundlicher Gestalt und hatte ein bräunliches Antlitz, sie trug einen ärmlichen blauen Mantel, den sie über der Brust mit der linken Hand zusammenfaßte. Ihr Haupt war in weißes Linnen gehüllt, man sah nur das liebe Angesicht. Sie saß neben der Krippe und hielt mit der Rechten das Haupt des Kindes ein wenig empor, damit die Herren es sähen. Demütig küßten die Könige den Erdboden vor der Krippe und die zarten Hände des Gottessohnes. Bescheiden brachten sie ihre Gaben dar und legten sie in die Krippe neben das Haupt des Kindleins.

Sie fanden das Kind in solch großer Armut, wie die Hirten berichtet hatten. In der verfallenen Hütte erstrahlte das Licht des wunderbaren Sternes so leuchtend hell, daß sie alle wie im Feuer standen! Von alledem waren sie so verwirrt, daß sie aus ihren offenen Truhen das ergriffen, was ihnen gerade zur Hand kam: König Melchior gab Jesus dreißig goldene Pfennige und einen kleinen goldenen Apfel, den man mit der Hand umfassen konnte. König Balthasar schenkte ihm Weihrauch, König Caspar brachte – mit Tränen in den Augen – ein Gefäß mit Myrrhe. Ein ehrfürchtiger Schreck hatte sie ergriffen, sie erglühten in innigster Andacht, und von allem, was die heilige Maria sprach, beachteten sie nichts. Sie hörten nur, daß sie mit leicht gesenktem Haupte leise sagte: »Gott sei gedankt.«

Der goldene Apfel, den Melchior Jesus schenkte, hatte gleichfalls dem großen Alexander gehört. Der Apfel sollte die Welt bedeuten. Alexander hatte ihn aus kleinen Teilen des Zinses aller seiner Provinzen machen lassen und trug ihn immer bei sich. Er umschloß ihn mit seiner Hand, wie er mit seiner Macht die Welt umschloß. Als er aus dem irdischen Paradiese zurückkam, hatte er den Apfel in Indien gelassen.

Der allmächtige Gott hat sich zu unserer Schwachheit und Niedrigkeit herabgelassen und ward unseretwegen als der Allerärmste geboren; dennoch bedurfte er solcher Gaben, wie die Könige sie bei sich hatten, nicht, um die Not zu lindern – brauchte er doch nur ein Wort zu sagen, »so geschah es«. Der goldene Apfel des Königs Alexander bedeutete Macht und Hochmut; als Jesus ihn in seine Hand nahm, zerfiel er in Staub und Asche und wurde zu nichts.

Wie der Stein, der sich ohne menschliches Zutun aus dem Berge löste und das furchtbare Bild, das Nebukadnezar im Traume sah, zerstörte und in Staub und Asche verwandelte, so wurde – ohne menschliches Zutun – Christus von einer Jungfrau geboren. Er erniedrigte die Mächtigen und erhöhte die Niedrigen, er hatte in seiner Armut und Niedrigkeit die Macht, den Apfel, der die Welt darstellt, in einem Augenblick zu nichts zu machen.

JOHANNES VON HILDESHEIM

Die Gabenträger

HANS BAUMANN

VOR UNGEFÄHR ZWEITAUSEND JAHREN ging über dem Morgenland ein Stern auf, der heller als alle anderen Sterne war. Aber er wurde von den meisten gar nicht bemerkt. Und die wenigen, denen er auffiel, machten sich keine Gedanken um ihn. Nur bei drei Königen, die Weise und Sterndeuter waren, erregte er Aufsehen. Sie lasen nach in den alten Büchern, in denen das Erscheinen von Sternen vorausgesagt war, und erfuhren, daß dieser Stern gekommen sei, um sie ins jüdische Land zu einem neugeborenen König zu führen. Da zögerten sie nicht und verließen ihre Länder, und als sich die drei am Rande der Wüste trafen, die sie durchqueren mußten, war ihre Freude groß. Die Könige nahmen es als ein sicheres Zeichen, daß sie auf dem rechten Weg waren.

Doch die Könige waren nicht allein. In ihrem Gefolge reisten die Jungen, die sich um die Pferde zu kümmern hatten, Kameltreiber und Köche, vor allem die drei Gabenträger, denen Gold, Weihrauch und Myrrhen anvertraut waren. Das waren keine Weisen, sondern gewöhnliche Leute so wie wir. Was der Stern zu bedeuten hatte, verstanden sie nicht. Sie waren gewohnt zu tun, was man von ihnen verlangte. Noch nie hatten sie Grund gehabt, ihren Königen zu mißtrauen.

Nun regten sich in ihnen zum ersten Mal Bedenken. Wie kommt es, fragten sie sich, daß sich Könige von ihren Ländern fortlocken lassen, nur weil ein neuer Stern auftaucht? Daß sie die große Wüste so ruhig betreten, als wäre es ein Teppich? Daß Weise sich in ein Abenteuer stürzen, dessen Ausgang völlig ungewiß ist, noch dazu ohne

Waffen? Das war für die drei Gabenträger nicht zu begreifen. Und als sie, hinter den Königen reitend, aus deren Gesprächen erfuhren, wohin die Reise ging, begannen sie sich zu fürchten. Denn die drei Weisen sprachen davon, daß sie in das Land zogen, in dem der grausamste aller Könige auf dem Thron saß: Herodes. Sie wollten Herodes in seinem Palast besuchen und ihn fragen, wo der neugeborene König zu finden ist.

Wie soll so etwas gut ausgehen? fragten sich die Gabenträger besorgt, wenn sie bei Rasten zusammenhockten. »Was sind das für Weise die nicht sehen, was uns bevorsteht?« fragte der Goldträger. »Entweder gibt es keinen neugeborenen König, dann machen wir uns vor aller Welt lächerlich; oder aber es wurde einer geboren, dann wird Herodes die drei Könige als Verschwörer behandeln und uns nicht anders.«

Lebhaft stimmte der Weihrauchträger zu. Nur der Myrrhenträger schwieg, aber seine Angst vor Herodes war noch größer als die der beiden anderen. Viele Tage ritten sie in die Wüste hinein. Nachts glänzte über ihnen der Stern. Sie spürten, daß er auch am Tag auf sie herabsah.

»Es gibt kein Entrinnen«, sagte der Myrrhenträger.

Eines Nachts aber erklärte der Weihrauchträger: »Ich weiß einen Ausweg. Morgen kommen wir zu den drei roten Felsen, bei denen der Wüstenpfad in das Weihrauchland abzweigt. Die Felsen kenne ich gut, weil ich schon einige Male im Weihrauchland war. Das ist ein Land, in dem es sich leben läßt, – dorthin müssen wir drei.«

Davon wollte der Myrrhenträger nichts wissen. Auch der Goldträger hatte Bedenken. Er fragte: »Wovon in aller Welt sollen wir im Weihrauchland leben?«

»Von dem, was wir mitbringen werden«, sagte der Weihrauchträger und deutete auf die Gaben. »Wir werden alles teilen«, versicherte er, »auf den Strich genau wird jeder gleich viel vom Gold und vom Weihrauch bekommen, auch du, Myrrhenträger, und dann werden nicht mehr wir die Lastträger sein, sondern andere.«

Schließlich gab auch der Myrrhenträger nach, obgleich ihm wenig am Gold und am Weihrauch lag. Ihn lähmte die Angst vor Herodes.

Wie der Weihrauchträger es vorausgesagt hatte, kamen sie am Tag darauf zu den drei roten Felsen. Dort rasteten sie. Dann zogen sie sechs Stunden weiter. In der folgenden Nacht, als alle anderen in tiefem Schlaf lagen, nahmen die Gabenträger die Gaben an sich und schlichen lautlos wie Schakale davon. Sie machten erst einen Umweg durch eine Senke, die sich seitlich hinzog. »In sechs bis sieben Stunden werden wir wieder dort sein, wo wir gestern waren«, erklärte der Weihrauchträger, als sie aus der Senke stiegen. »Gut, daß dieser Stern so hell ist. So ist es auch bei Nacht nicht schwer, sich zurechtzufinden.«

Sechs Stunden später rückte die Sonne über den Wüstenrand herauf. Der Weihrauchträger deutete auf drei rote Felsen, die nicht weit von ihnen aus dem Sand ragten »Seht ihr sie!«, schrie er laut. »Wir haben es geschafft. Aber nun laßt uns rasten!«

Sie ließen sich bei den drei roten Felsen nieder, fingen an zu essen und tranken aus den halbleeren Wasserschläuchen. Der Myrrhenträger rührte keinen Bissen an. Die beiden anderen fragten ihn: »Hast du denn keinen Hunger?«

Da sagte er: »Es war nicht richtig, sich aus dem Staub zu machen.«

»Nun hör mal zu«, fuhr ihn der Weihrauchträger an, »keiner kann von uns verlangen, daß wir die Könige auf einem Weg begleiten, von dem niemand sagen kann, wohin er führt.«

»Aber der Stern!«, wandte der Myrrhenträger ein. »Er war vorher nicht da. Der Stern ist doch ein Zeichen.«

Spöttisch sagte der Goldträger: »Das kennt man doch: Sterne, die plötzlich auftauchen, sind genauso plötzlich wieder weg.«

»Wir haben unsere Könige verlassen, wir haben sie bestohlen«, sagte der Myrrhenträger.

Da packte ihn der Goldträger: »Und was haben diese Könige getan? Haben sie etwa nicht ihre Länder verlassen? Bringen sie nicht alle, die mit ihnen ziehen, und sich selbst in Gefahr?«

»Aber haben sie nicht, seit sie Könige sind, für ihre Länder gut gesorgt?«, setzte der Myrrhenträger entgegen.

»Wenn du so große Stücke auf sie hältst«, schrie der Weihrauchträger wütend, »dann geh doch zu deinen drei Weisen zurück!«

»Ja, das will ich tun«, sagte der Myrrhenträger. Er stand auf und ging so überstürzt, daß er nicht einmal die Myrrhentruhe mitnahm.

Die beiden anderen sahen ihm verächtlich nach. Dann aßen sie weiter. »Gut, daß wir ihn los sind!«, sagte der Goldträger.

Plötzlich aber fuhr der Weihrauchträger auf. »Wir müssen ihn einholen, sonst erfahren sie von ihm, wohin wir verschwunden sind.«

»Du hast recht«, sagte der Goldträger, »das müssen wir verhindern.«

Die beiden liefen hinter dem Myrrhenträger her und holten ihn bald ein. Sie schleppten ihn zurück zu den drei roten Felsen.

Dort waren inzwischen fünf Reiter angelangt, die von der anderen Seite gekommen waren: zwei Sterndeuter und drei Soldaten, die im Dienst des Königs Herodes standen. Herodes hatte sie den drei Weisen entgegengeschickt, als ihm von Spionen gemeldet worden war, daß die Könige Kaspar, Melchior und Balthasar durch die Wüste zögen, um einem neugeborenen König der Juden Weihrauch, Gold und Myrrhen zu bringen. Ungläubig blickten die Sterndeuter auf die drei kleinen Truhen, die unbewacht bei den drei roten Felsen standen: So rasch es ging, stiegen sie von ihren Pferden, um die seltsamen Truhen näher zu betrachten.

»Kein Zweifel!«, rief der eine, »Weihrauch, Gold und Myrrhen!«

»Der Beweis, daß die Weisen bis zu dieser Stelle kamen«, sagte der andere. »Nur sehe ich sie nicht.«

»Sicher wußten sie nicht weiter«, vermutete der eine, »und erkunden nun den Weg.«

»Kann gar nicht anders sein«, stimmte der andere zu. »Wir werden sie suchen.«

»Nicht nötig«, sagte einer der Soldaten. »Da kommen sie schon.«

Hans Baumann

»Sie sehen mitgenommen aus«, stellte der eine Sterndeuter fest. »Es scheint, daß die Wüste ihnen zugesetzt hat.«

»Umso besser für uns«, erklärte der andere. »So wird es nicht schwer sein, sie zur Umkehr zu bewegen, diese Verrückten, die einem Stern nachlaufen.«

»Vergiß nicht, daß sie immerhin Könige sind!«, flüsterte der eine, denn die drei Gabenträger waren nun schon nahe.

Als sie herankamen, verbeugten sich die Abgesandten des Herodes vor ihnen, und einer der Sterndeuter sagte mit erhobener Stimme: »König Herodes hat uns, seine Sterndeuter, den drei Weisen aus dem Morgenland entgegengeschickt, um ihnen an der Schwelle seines Reiches unsere Dienste anzubieten.«

»Im Dienst des Königs Herodes haben wir den Himmel erforscht, wir haben ihn durchschaut«, beteuerte der andere eifrig, »und daher wissen wir auch von dem Stern, der plötzlich aufgetaucht ist.«

Die Gabenträger starrten die Sterndeuter wie Gespenster an. Doch dann begriffen sie den Irrtum der Abgesandten des Herodes. Der Weihrauchträger fand sich als Erster in die Rolle, die ihm so überraschend zugedacht wurde, und sagte erleichtert: »Wir sind froh, daß uns Sternkundige zu Hilfe kommen, weil wir nicht mehr sicher sind.«

»Kein Wunder«, sagte einer der Sterndeuter. »Sterne führen jeden, der nicht genug über sie Bescheid weiß, in die Irre.«

Nun faßte sich auch der Goldträger und sagte: »Sein ungewöhnlicher Glanz hatte uns zunächst geblendet. Sein plötzliches Erscheinen hatte Aufsehen erregt, und wir glaubten ...«

Der andere Sterndeuter fiel ihm ins Wort: »Jener Stern, dem ihr gefolgt seid, ist längst eingetragen in das Buch, in dem alles steht, was wir von Sternen wissen. Daher kennt auch König Herodes diesen Stern.« Drohend fuhr er fort: »Nichts aber weiß er von einem neugeborenen König im Land, das er regiert. So ist es besser für euch, in eure Länder heimzukehren, damit nicht drei Weise zum Gespött der Leute werden.«

»Das trifft sich gut«, sagte der Weihrauchträger. »Wir waren bereits dabei umzukehren.«

»Und das dürfen wir König Herodes melden?«, fragte ein Sterndeuter.

»Wir sind bereits umgekehrt«, sagte der Goldträger, »das bitten wir auszurichten.«

»Daran erkennen wir die Weisen«, versicherte der zweite Sterndeuter. »Nur Törichte glauben, daß sich ein Stern in Dinge einmischen könnte, die auf Erden geschehen. Ihr habt euch als Könige von großer Einsicht erwiesen und könnt der Freundschaft des Königs Herodes auf alle Zeit gewiß sein.«

Die beiden Sterndeuter und die Soldaten schwangen sich auf ihre Pferde und ritten davon. Der Myrrhenträger hatte ihnen stumm zugehört und sie genau betrachtet. Aber als jetzt der Goldträger sagte: »Nun hast du gehört, daß an diesem Stern überhaupt nichts Besonderes ist, an keinem Stern. Bei Sterndeutern ist ein Irrtum ganz ausgeschlossen«, da lächelte der Myrrhenträger und meinte: »Ja, nun wissen wir endlich, daß nicht die drei Weisen die Weisen sind, sondern wir.«

»Hör auf, dich über sie lustig zu machen!«, wies ihn der Goldträger zurecht. »Außerdem sind wir umgekehrt, bevor sie uns dazu geraten haben.«

»Und sie«, fuhr der Myrrhenträger ruhig fort, »haben es nicht einmal bemerkt.«

Die beiden anderen sahen ihn betroffen an. »Und wenn schon!«, erregte sich der Weihrauchträger. »Jedenfalls ist jetzt der Weg ins Weihrauchland frei.«

»Und wo liegt das Weihrauchland, in welcher Richtung?«, erkundigte sich der Myrrhenträger. »Wohin müssen wir nun gehen?«

»Wie kannst du fragen!«, fuhr ihn der Weihrauchträger an. »Von diesen drei roten Felsen zweigt der Weg nach Süden ab.«

Da sah ihm der Myrrhenträger schärfer ins Gesicht. »Und wenn nun diese drei Felsen nicht die Felsen wären, von denen der Weg ins Weihrauchland abzweigt, was dann? Wär's nicht möglich, daß es in der Wüste noch mehr Stellen gibt, an denen drei Felsen stehen?«

Der Weihrauchträger wollte aufbrausen, doch da sagte der Myrrhenträger sehr bestimmt: »Sie können es nämlich gar nicht sein, überlegt doch: Wir kamen gestern zu den drei roten Felsen, von denen der Weg in das Weihrauchland abzweigt. Dann zogen wir mit den Königen noch sechs Stunden weiter – auf das Herodesland zu. Um wieder zu jenen drei Felsen zu kommen, hätten wir sechs Stunden zurückgehen müssen.«

»Das haben wir doch getan!«, behauptete der Goldträger. »Wir haben zwar einen kleinen Umweg gemacht, aber dann sind wir zurückgegangen, sechs Stunden lang. Wir sind umgekehrt.«

»Und wie kommt es dann«, fuhr der Myrrhenträger fort, »daß die Abgesandten des Herodes aus jener Richtung kamen, in die wir gehen wollten, und daß sie auch dorthin wieder abgezogen sind? Sie kamen doch ganz sicher aus dem Herodesland.«

Erschrocken sahen ihn die beiden anderen an. »Also gingen wir«, sagte der Goldträger verzweifelt, »auf das Herodesland zu, ohne es zu merken. Wie war's nur möglich, sich so fürchterlich zu irren?«

»Das liegt nur an diesem Stern«, ereiferte sich der Weihrauchträger. »Er hat die Wüste mit seinem Licht so verändert, daß ich mich nicht mehr zurechtfand.«

»Wir stecken in der Falle«, sagte der Goldträger. »Zwischen Herodes und den Weisen. Was machen wir nun?«

»Wir müssen auf sie warten«, sagte der Myrrhenträger, »und ihnen sagen, was geschehen ist.«

»Sich ihnen stellen?«, wehrte sich der Goldträger. »Als Überläufer, Diebe? Glaubst du vielleicht, daß sie uns straflos ausgehen lassen?«

»Wir haben es verdient, daß sie uns bestrafen«, sagte der Myrrhenträger.

»Dann lieber irgendwohin in die Wüste!«, sagte der Weihrauchträger. Er hob die Truhe auf und wollte davongehen. Auch der Goldträger machte sich bereit zu fliehen. Da hörten sie, wie jemand von weitem rief: »So wartet doch, ihr Gabenträger!«

Es war einer der drei Pferdejungen, der in aller Eile angeritten kam und erklärte: »König Melchior schickt mich. Er versteht nicht, warum ihr's so eilig habt. Wollt ihr vor den drei Weisen ankommen? Was ist in euch gefahren?. Er musterte die Gabenträger von oben herab, sein Blick fiel auf die Wasserschläuche, sein Gesicht hellte sich auf. Erleichtert meinte er: »Also das war euer Grund! Ihr wolltet schon voraus zum nächsten Brunnen, um die Schläuche aufzufüllen.«

»Für einen Pferdejungen bist du recht findig«, sagte der Goldträger.

»Das müssen die drei Könige gleich erfahren«, rief der Pferdejunge, als er wegritt. »Wartet hier, bis wir euch eingeholt haben!« Mehrmals winkte er zurück.

Der Weihrauchträger starrte vor sich hin. Dann wandte er sich an den Myrrhenträger: »Du hattest recht: Es gibt kein Entrinnen für uns.«

»Also fängt das Angsthaben wieder von vorn an«, sagte der Goldträger. Der Myrrhenträger schüttelte den Kopf. »Warum sich jetzt noch fürchten?«

»Wir ziehen doch weiter ins Herodesland«, hielt ihm der Weihrauchträger vor. »Die drei Weisen werden selbst dann nicht umkehren, wenn wir ihnen von den Sterndeutern berichten!«

»Sie kehren so wenig um wie der Stern«, sagte der Myrrhenträger, »schon deshalb ist ihnen Herodes unterlegen.«

»Die haben es besser als wir«, meinte der Goldträger. »Um uns einfache Leute kümmert sich kein Stern.«

»Sag das nicht!«, widersprach ihm der Myrrhenträger. »Schließlich haben wir uns in seinem Licht so verlaufen, daß wir auf dem Weg blieben, auf den er uns gebracht hat. Also wollte er nicht nur die Weisen leiten. Genau genommen sind wir ihnen nun sogar voraus. Sie müssen sich beeilen, um uns einzuholen.«

Hans Baumann

»Jedenfalls bleibt uns nichts übrig, als weiter mitzumachen«, sagte der Weihrauchträger.

»Wenn sie erst hier sind, kann nichts mehr passieren«, versicherte der Myrrhenträger.

Da sah ihn der Goldträger von der Seite an. »Du glaubst im Ernst, daß sie das mit den Wasserschläuchen dem Pferdejungen abnehmen? Die sind nicht so leicht hinters Licht zu führen!«

»Ganz sicher nicht«, stimmte ihm der Myrrhenträger zu. »Wären sie sonst die drei Weisen? Aber eben deshalb können wir unbesorgt sein.«

Der redet sich was ein! Und versucht uns was einzureden! dachten die beiden anderen, und sie belauerten das Gesicht des Myrrhenträgers. Jeden Winkel suchten sie ab, aber nirgendwo war eine Spur von Angst zu entdecken.

Der Traum des Balthasar

RUDOLF HAGELSTANGE

»BALTHASAR!«, RIEF ES. »BALTHASAR, STEH AUF!« Balthasar rieb sich die Augen und sah den Engel, einen großen, schlanken, weißhaarigen Engel, so, wie ihn alle kennen. Kennen sie ihn alle? Wer von den Lebenden sah schon einen Engel? Balthasar sah ihn und wurde grau im Gesicht. Er zitterte.

»Fürchte dich nicht«, sagte der Engel freundlich. Fast immer sagen die Engel: »Fürchte dich nicht.« Aber hat es einer der Lebenden schon mit eigenen Ohren vernommen? Balthasar hörte es, und ein ungläubiges Lächeln ließ ihn die runde Lippe öffnen.

»Du hast schöne Zähne«, sagte der Engel anerkennend und nickte ernst. Balthasar enthüllte sie ganz. Er freute sich wie ein Mädchen. »Ich habe einen Auftrag für dich«, fuhr der Engel fort. »Steh schnell auf.« Balthasar warf die Decke ab und erhob sich.

Der Engel betrachtete ihn. »Du bist groß und stark. Dein Haar ist dicht und kraus, deine Hände – zeig sie, ja, sie sind gut. Du mußt noch die Nägel reinigen. Dann sind sie schön. Aber nun komm. Wir haben keine Zeit zu verlieren.«

»Meinen Mantel ...« »Du brauchst ihn nicht.« Der Engel ergriff ihn am Arm und schob ihn durch den schmalen Gang, der zwischen den übereinandergestellten Betten zum Ausgang führte.

»Ich muß noch zwanzig Cent für die Nacht zahlen«, blieb Balthasar draußen plötzlich stehen. »Und die Nudeln von gestern Abend ...« Aber noch ehe er in seine Tasche langen konnte, war er schon emporgehoben und flog mit dem Engel davon.

Wahrhaftig, er flog. Manchmal war er – im Traume – von einer hohen Treppe gesprungen, war mit Armen und Beinen durch die Luft gerudert und immer um ein Geringes über den Stufen geblieben, bis er schließlich mit dem sanften Aufsprung einer Katze unten gelandet war. Kein Flug über den Ozean konnte so entzücken wie diese ehrlich geflogenen dreißig oder vierzig Meter. Denn es war Lüge: Die Menschen selbst können nicht fliegen. Kein Mensch war je so geflogen, wie jetzt Balthasar flog.

Freilich, der Engel half dabei. Er hatte ihn an der Hand gefaßt. Aber Balthasar spürte da weder Druck noch Zug. – Ob ich ihn loslassen kann?, dachte er eine Sekunde lang. Aber da sah er unter sich die dunkle Erde und verbannte seinen Gedanken.

Es ging auch schon erdwärts, er spürte es genau. Dieses Gefühl kannte er aus seinen Träumen. Wie gut, daß er es kannte. Er würde nicht straucheln beim Niedergehen.

»Folge mir«, sprach der Engel und ging voraus, ein kurzes Stück Kiesweges, wie sie durch die Gärten der Reichen laufen, dann ein paar Stufen hinan und durch ein Portal, das sich lautlos auftat und wieder schloß. Balthasar sah sich in einem großen Saal. Aber der Saal war leer. Nein – da saßen zwei Männer in einer Ecke, Männer? Ah, große Herren, Fürsten oder Präsidenten oder Könige gar. Er stand und staunte.

»Balthasar«, rief der Engel streng. Er war schon um etliche Schritte voraus, und Balthasar beeilte sich, ihn wieder einzuholen. Die beiden Männer in der Ecke erhoben und neigten sich einmal gegen den Engel, das andere Mal – gegen ihn. Balthasar war verlegen und machte eine Verbeugung.

»Nimm das!«, sagte der Engel und wies auf einen Sessel, über den ein weißes langes Hemd gebreitet war, das seidig glänzte. Darunter lugte ein roter bestickter Mantel hervor. Balthasar sah den Engel an. »Warum quälst du mich?«, fragte er leise.

Der Engel sah ihm in die Augen und lächelte freundlich. Er sagte nichts. Aber sein Blick fiel so gütig auf ihn, daß er plötzlich in der Mittagssonne zu stehen vermeinte. Darum wurde ihm wohlig warm, das wollene Trikot kratzte auf einmal auf der Haut. Er streifte es über den Kopf und ging auf den Sessel zu, nicht ohne noch einmal ungläubig den Engel anzusehen. Der nickte. Da warf er das weiße Hemd über sich, das wie ein Meerwind seine dunkle Haut berührte, knüpfte die rote Kordel um den Leib, zog die schönen Sandalen an und legte den Mantel um die muskelprangenden Schultern. Dann wendete er sich langsam zu den anderen. Er sah, daß sie sich verneigten, da verneigte auch er sich tief und fühlte, wie ihm eine dicke Träne auf seine große Zehe fiel.

Als er wieder aufsah, war das Portal geöffnet. Draußen hörte man Pferde schnauben und Zaumzeug leise klirren. Sie schritten zum Ausgang und sahen, daß sie erwartet wurden.

»König Kaspar«, rief der Engel und schob den einen der beiden Könige sanft hinaus. Eine Gruppe löste sich aus der Menge und empfing ihn mit gekreuzten Armen und auf und nieder pendelnden Röcken. Sie führte ihm ein feurig tänzelndes Pferd zu.

»König Melchior«, rief der Engel, und Balthasars Nebenmann trat hinaus. Eine kleine Karawane mit kauenden Kamelen und Dromedaren bewegte sich ihm entgegen. Alles ging leise und feierlich zu. Der Mond verbreitete eine geisterhafte Helle. Wo war er? Aber Balthasar, der einen Blick zum Himmel wagte, sah ihn nicht. Er sah nur einen großen, hellen Stern – wohl den Morgenstern – am Himmel stehen. Wenn man ihn genauer ansah ...

»König Balthasar«, ertönte die Stimme des Engels.

Balthasar erschrak. Vielleicht vor seinem eigenen Namen, vielleicht vor dem Mißbrauch, den sein Taufname angesichts eines gleichnamigen Königs bedeutete, vielleicht, weil er die Hand des Engels plötzlich an seinem Arm spürte. Er zuckte zusammen und duckte sich, als ob es Schläge setzen sollte, denn der Engel hob jetzt seine Hände gegen ihn. Aber da sah er in ihnen einen leuchtenden, schmalen Reif, der einen blitzenden Stern trug.

Rudolf Hagelstange

»Komm«, sagte der Engel und legte den Reif auf sein wolliges Haar. »Zieh mit den anderen, immer dem Stern nach. Ihr könnt den Weg nicht verfehlen.« Dann winkte er einer dritten Gruppe und schob Balthasar sanft hinaus.

Guter Gott, dachte dieser und begann zu zittern. Er blieb auf der Treppe stehen und ließ die Leute herankommen. Sie trugen Turbane und hohe weiße Mützen. So wie die Köche sie zu tragen pflegen. Ein riesiger Bursche mit so einer Mütze ging an ihrer Spitze. Kannte er ihn nicht? Balthasar erstarrte. War das nicht der Koch, der ihn gestern etliche schmerzliche Male mit dem großen Löffel über den Kopf geschlagen hatte?

Balthasar sah, daß er den Löffel nicht bei sich trug, und wurde ruhiger. Jetzt trat der Kerl an die unterste Stufe, machte eine Verbeugung und sagte höflich »Komm, King.«

Ein Windstoß bauschte den roten Mantel und erinnerte Balthasar an sein kostbares Gewand. Er fuhr, wie um seine Schläfe zu reiben, mit der Linken an den Kopf und tastete dabei listig mit dem kleinen Finger, ob der Kronreif noch da sei. Er war da.

»König Balthasar, eile dich«, rief da von hinten der Engel. Und Balthasar beschloß zu glauben, daß er träume, raffte Hemd und Mantel und schritt durch die kurze Gasse seiner Begleiter. Im Vorübergehen sah er noch Jim, den Hafenarbeiter, und Jesse, den Barbier, und – wollte ihnen zunicken. Aber sie schienen ihn nicht zu erkennen. Er stieg in den Sattel, den ein mächtiges Kamel trug, schwankte fürchterlich einmal nach rückwärts, sah die andern sich in Bewegung setzen und trieb auf den Wellen eines rätselhaften Glückes in der Kabine des Wüstenschiffes dahin. – Meine alte Mutter müßte das sehen, dachte er. Und der gallige Lehrer, der mir oft Tatzen zuteilte. Und die sanfte, junge Helen. Und der patzige Byrd, dem ich neulich den Wagen nicht gut genug wusch. Und der und der und die und die. Balthasar wußte so viele, die es hätten mit ansehen müssen. Er war mit den dreien nicht zufrieden, die er hier angetroffen hatte. Sie hatten ihn nicht erkannt. Warum?

Er sah an sich herab. Bin ich's denn? Er hob das seidene Hemd, denn ihm fiel seine alte, ausgefranste Hose ein. Da war sie. Er schlug sie zwei-, dreimal nach oben um, bis fast an die Kniekehle. Wo mochte die seltsame Reise hingehen? Er sah hinaus nach seinen Begleitern. Sofort trieb einer sein Reittier neben ihn und reichte ihm respektvoll eine Flasche. Balthasar nahm einen feurigen Schluck und gab die Flasche zurück. – Du hättest sie behalten sollen, dachte er sogleich.

Nun, er konnte bald wieder danach fragen. Der Begleiter war wieder zurückgeblieben, und Balthasar fiel ein, daß er vergessen hatte zu fragen, wohin es gehe. Ob nicht eine Tafel, ein Kilometerstein kommen würde, der Aufschluss gäbe? Er nahm sich vor, besser acht zu geben.

Inzwischen schien die Sonne aufgegangen zu sein, so hell war es. Aber Balthasar irrte. Es war der Stern, dem sie folgten, er sah es erstaunt. So einen Stern hatte er nie gesehen. Tief und strahlend schien er in der Luft vor ihnen herzuschweben, bald zum Greifen nah, wie eine Bogenlampe.

Plötzlich stand sein Kamel. Alle vor ihm standen. Balthasar blickte sich um, aber da war schon der Begleiter von vorher neben ihm. Auf seinen Zuruf hin ging das Kamel in die Knie, und Balthasar – was blieb ihm übrig! – verließ den Sattel.

Da stand er nun. Wo war der Engel? Balthasar schaute verzweifelt um sich, aber er konnte ihn nicht entdecken. Immerhin schien der Mann mit der Flasche zu wissen, was zu tun sei. Er brachte gerade ein silberbeschlagenes Kästchen herbei, sagte ernst: »Komm, King« und bahnte ihm eine Gasse durch die Haltenden. Balthasar folgte ihm wie ein Lamm.

Da sah er die beiden Könige beisammenstehen, und ein Stein fiel ihm vom Herzen. Sie schienen schon auf ihn zu warten. Er trat freudig bewegt zu ihnen und verneigte sich würdig. Sie taten ihm Bescheid.

Und dann geschah es. Plötzlich sah er das große Straßenschild und den Namen, den es trug. Er sah das alte Haus mit dem offenen Stall, sah den Stern darüber schweben, den Ochsen, den Esel, die Hirten, den Mann, den Engel, die Jungfrau und die Krippe und – er fuhr sich sofort an den Mund – stieß einen leichten Schrei aus. Nichts begriff er, nichts, nur das Eine, daß er, Balthasar Tolen, neununddreißig Jahre alt, Gelegenheitsarbeiter und Junggeselle, erleben durfte, was keiner der jetzt Lebenden erleben konnte: dabei zu sein, wenn das Licht der Welt, die Geburt des göttlichen Kindes, des Erlösers, für alle gefeiert wurde. Eine ungeheure Erregung befiel ihn.

»Kommt«, sagte er ungebührlich laut. »Kommt, kommt, gute Könige.« Er schob seinen Begleiter, der ihm das Kästchen überreichen wollte, unsanft beiseite, raffte seinen Mantel und drängte hastig voran. Erst vor der Tür verlangsamte er etwas den stürmischen Schritt und entsann sich, daß er die andern wohl abwarten müsse. Aber da sah er das Kind, ein weißes, lächelndes Bübchen, das auf dem Schoß der Mutter saß, die genau den himmelblauen Mantel trug, den man von Heiligenbildern her kannte – ja, von den Bildchen. Aber sah ihn jemand schon so, daß er ihn berühren konnte? Niemand – außer Balthasar.

Balthasar kniete schon. Da darf man doch weinen. So glücklich war er wie nie ein Mensch. Und gleich darauf so todunglücklich und betrübt wie niemand vor ihm. Du guter und allwissender Gott! Er hatte das Kästchen vergessen. Was mochte darin sein? Wo war es? Er blickte sich um. Die beiden Könige standen hinter ihm. Jeder hatte seine Gabe. Engel standen um die Heilige Familie – auch der seine war dabei –, Blumen in der Hand und grüne Zweige. Und er, Balthasar – o Schande! Er hatte nichts, nichts, nichts. Hatte er denn nichts? Da. Er griff in sein Haar und nahm den Reif aus dem schwarzen Pelz und reichte ihn dem Kinde. Wie das sich freute! Und da sah er den Mann und die Jungfrau. Er sah sie und riß seinen Mantel von der Schulter und löste die Sandalen – eine Schnalle riß, was tat's –, er warf beides dem Manne zu. Und die Jungfrau? Da war noch das seidene Hemd. Er streifte es über den Kopf und legte es über ihr Knie. Glänzend wie nasses Ebenholz, barfuß, groß und muskelbebend stand er da. Und das Gebiß blitzte sein Glück. War er zu weit gegangen?

»Balthasar«, rief es streng, »Lümmel, Tagedieb!« Ihm wurde schwarz vor den Augen. Er taumelte. Dann war es aus.

»Willst du wohl aufstehn, du Faulpelz«, herrschte ihn der Wärter an. »Nicht wach zu kriegen ist der Bursche«, und er schlug ihn mit der flachen Hand gegen die Brust. »Trolle dich. Die Glocken läuten. Willst du nicht einmal heute deine Christenpflicht erfüllen, wo unser Heiland Geburtstag hat?«

Balthasar richtete sich auf. Er griff ins Haar. Der Reif war fort. Richtig, er hatte ihn verschenkt. Er streifte die braune Wolldecke ab, zahlte seine Schuld und ging.

Er ging zwei Straßen weiter, dorthin, wo Jesse seinen kleinen Barbierladen hatte. Da saßen sie schon wie die Hühner auf der Stange und warteten auf das Messer, das ihr stoppeliges Kinn glätten sollte. Hier konnte man Schaum schlagen, die Kunden einseifen, Geld verdienen. Ob Jesse ihn erkannt hatte? Er lachte ihm zu und zwinkerte mit den Augen. Aber Jesse sagte trocken: »Heut kannst du arbeiten.« Ach, er hatte ihn nicht erkannt.

Balthasar lächelte in sich hinein. »Komm, King«, ermunterte er sich, nahm Seife und Wasser und schlug kräftig Schaum. Manchmal schloß er die Augen und erinnerte sich an den schönen Engel, den Flug, den hellen Saal, die beiden Könige, das Lächeln der Jungfrau, die Freude des Kindes. Er regte sich fleißig. Und die Seife flockte so gut heute.

Schaum und Traum, dachte er lächelnd. Traum und Schaum ...

Rudolf Hagelstange

5

Lichtträger

Wir suchen dich nicht

ALBERT GOES

Wir suchen dich nicht.
Wir finden dich nicht.
Du suchst und findest uns,
ewiges Licht.

Wir lieben dich wenig.
Wir dienen dir schlecht.
Du liebst und dienst uns,
ewiger Knecht.

Wir eifern im Unsern
am selbstischen Ort.
Du musst um uns eifern,
ewiges Wort.

Wir können dich, Kind
in der Krippe, nicht fassen.
Wir können die Botschaft nur
wahr sein lassen.

In Jerusalem lebte damals ein Mann namens Simeon. Er war gerecht und fromm und wartete auf die Rettung Israels, und der Heilige Geist ruhte auf ihm. Vom Heiligen Geist war ihm offenbart worden, er werde den Tod nicht schauen, ehe er den Messias des Herrn nicht gesehen habe.

Jetzt wurde er vom Geist in den Tempel geführt; und als die Eltern Jesus hereinbrachten, um zu erfüllen, was nach dem Gesetz üblich war, nahm Simeon das Kind in seine Arme und pries Gott mit den Worten:

Nun lässt du, Herr, deinen Knecht,
wie du gesagt hast, in Frieden scheiden.
Denn meine Augen haben das Heil gesehen,
das du vor allen Völkern bereitet hast,
ein Licht, das die Heiden erleuchtet,
und Herrlichkeit für dein Volk Israel.

Lukas 2,25–32

Das Volk, das im Dunkeln lebt, sieht ein helles Licht,
über denen, die im Land der Finsternis wohnen,
strahlt ein Licht auf.
Du erregst lauten Jubel und schenkst große Freude.

Man freut sich in deiner Nähe, wie man sich freut bei der Ernte, wie man jubelt, wenn Beute verteilt wird.

Denn wie am Tag von Midian zerbrichst du das drückende Joch, das Tragholz auf unserer Schulter und den Stock des Treibers.

Jeder Stiefel, der dröhnend daherstampft, jeder Mantel, der mit Blut befleckt ist, wird verbrannt, wird ein Fraß des Feuers.

Denn uns ist ein Kind geboren, ein Sohn ist uns geschenkt.
Die Herrschaft liegt auf seiner Schulter.

Jesaja 9,1–5

Die Sterntaler

Brüder Grimm

Es war einmal ein armes, kleines Mädchen, dem waren Vater und Mutter gestorben. Es hatte kein Haus mehr, in dem es wohnen, und kein Bett mehr, in dem es schlafen konnte, und nichts mehr auf der Welt als die Kleider, die es auf dem Leib trug, und ein Stückchen Brot in der Hand, das ihm ein Mitleidiger geschenkt hatte, es war aber gar fromm und gut. Da ging es hinaus, und unterwegs begegnete ihm ein armer Mann, der bat es so sehr um etwas zu essen, da gab es ihm das Stück Brot.

Dann ging es weiter, und da kam ein Kind und sagte: »Es friert mich so an meinem Kopf, schenk mir doch etwas, das ich darum binde.« Da tat es seine Mütze ab und gab sie dem Kind.

Und als es noch ein bisschen gegangen war, da kam wieder ein Kind und hatte kein Leibchen an. Da gab es ihm seins; und noch weiter, da bat eins um ein Röcklein, das gab es auch von sich hin.

Endlich kam es in den Wald, und es war schon dunkel geworden, da kam noch eins und bat um ein Hemdlein, und das Mädchen gab es hin.

Da fielen auf einmal die Sterne vom Himmel und waren lauter harte, blanke Taler, und ob es gleich sein Hemdlein weggegeben, hatte es doch eins an, aber vom allerfeinsten Linnen. Da sammelte es die Taler hinein und ward reich für sein Lebtag.

Der Weg des Kindes

HANS BAUMANN

NIEMANDEM AUSSER DEM HÖCHSTEN IM HIMMEL war es bekannt, daß der Weg des Kindes über die ganze Erde hinführen werde. Er aber sandte vier Boten, die seinem Sohne die Wege bereiten sollten: die Unbesiegbaren unter seinen Geschöpfen, den Löwen, den Adler, den Stier und nach einigem Zögern auch einen Engel.

Als Maria der Mächtigen ansichtig wurde, erschrak sie ob so vieler Stärke. Aber der Engel blickte sie an, und das minderte ihre Bestürzung. »Wenn es der Vater also bestimmt hat«, sagte das Kind, »so sollt ihr vorausgehn. In sieben Tagen kommt wieder hierher und sagt mir, welchen Weg ihr als den besten erfunden.«

Als nun der Löwe gleich fort wollte, auch der Stier und der Adler, sagte das Kind: »Es ist schon dunkel geworden, bleibt für den Abend noch hier!«

Da ruhten die Tiere an seiner Seite, der Engel zu Häupten. Und da geschah es, daß sie im Traume den Erdenwandel des Kindes voraussahen: jeder so viel, als er geduldig war nachzufolgen.

Der Stier fuhr aus dem Traume schon auf, als der Menschensohn den Weizen zu sondern begann von der Spreu.

»Ich werde die Spreu«, sagte der Stier, »vor meinen Nüstern her blasen.« Ob es auch finster war, machte er sich auf den Weg, stampfte Funken, das war sein einziges Licht. Und er fegte den Weg! Was er für Spreu hielt, trieb er auf einen Feuerstoß zu. Mit mir kann er zufrieden sein, dachte der Stier, als er am Ende der Woche zurückkam. Gründlicher kann ihm die Wege keiner bereiten.

Bis in die Wüste war der Adler im Traume gefolgt. Kaum aber hatte der Menschensohn dem Versucher auf sein erstes Ansinnen Antwort gegeben: »Nicht vom Brot allein lebt der Mensch, doch von jeglichem Worte ...«, erwachte der Adler und schwang sich in die Dunkelheit auf.

»Horste will ich ihm bauen«, beschloß er, »von denen sein Name ausfliegen kann zu den Menschen.«

Und der Adler errichtete überall Kanzeln.

Grollend träumte der Löwe. Ihm war unverständlich, warum auf der Tempelzinne der Menschensohn nicht die Reiche ergriff, die der Versucher ihm anbot. Doch dann kam auch dem Löwen die Stunde. Als dem Petrus das Amt übertragen wurde, Fels zu sein, den die Pforten der Hölle nicht überwinden, wachte der Löwe auf und fuhr in gewaltigen Sätzen über die Welt hin. Könige nahm er in Dienst. Er ließ sie der Heiden Länder mit Krieg überziehn. In jener Stadt, in der die Kaiser ein schöneres Haus als die Götter besaßen, richtete er dem Kind eine Wohnung ein für alle Zeiten.

Und der Engel? Er war seiner Sache nicht sicher. Erst als der Tag schon anbrach, machte er sich auf den Weg. Einem, der müde war, trug er ein Bündel und einer Frau den Eimer vom Brunnen ins Haus, half einem Hirten ein verirrtes Schaf suchen, und einer Eselkarawane zeigte er eine Furt.

Als er zum Kinde nach Ablauf der Tage zurückkam, redete eben der Stier: »In deinem Namen habe ich Spreu vom Weizen gesondert.«

»Aber du hast den Weizen verbrannt statt der Spreu«, sagte das Kind.

Sprach der Löwe: »In deinem Namen habe ich viele zum Knien gebracht.«

Sprach der Adler: »Und ich habe deinem Namen Flügel gegeben. Von unzähligen Kanzeln wird er verkündet.«

Da sprach das Kind: »Von euren Worten wird die Erde nicht heller. Euer Wille war gut, ich weiß es, doch geht nun zum Vater zurück!«

Sagten die drei: »So laß uns wenigstens noch das eine erfahren: ob

Hans Baumann

der Engel dir einen besseren Weg fand!« Zu den dreien gewendet, sagte der Engel: »Eh ich erwachte, habe ich vieles geträumt: daß er Blinden das Licht ihrer Augen zurückgab, Lahme heilte und sogar Tote erweckte; daß er Hungrige speiste, fünftausend mit einer Handvoll Broten und ein paar Fischen; Händler trieb er aus dem Tempel; und einmal nahm er ein Kind und stellte es in die Mitte der Jünger. Da bin ich wach geworden und war erschrocken; denn ihr ward alle schon fort, der Tag war schon nah. In aller Eile suchte ich nach einem Weg. Und da traf ich den müden Mann mit dem Bündel.«

Der Adler wandte sich ab, auch der Stier. Der Löwe hatte den Engel schon nach dem dritten Wort keines Blicks mehr gewürdigt. Aber das Kind ging, ohne der Tiere zu achten, hin zu dem Engel.

Die Kinder im Eis

Adalbert Stifter

»Sanna, der Tag bricht an«, sagte der Knabe. »Ja, Konrad«, antwortete das Mädchen. »Wenn es nur noch ein bißchen heller wird, dann gehen wir aus der Höhle und laufen über den Berg hinunter.«

Es wurde heller, an dem ganzen Himmel war kein Stern mehr sichtbar, und alle Gegenstände standen in der Morgendämmerung da.

»Nun, jetzt gehen wir«, sagte der Knabe. »Ja, wir gehen«, antwortete Sanna.

Die Kinder standen auf und versuchten ihre erst heute recht müden Glieder. Obwohl sie nichts geschlafen hatten, waren sie doch durch den Morgen gestärkt, wie das immer so ist. Der Knabe hing sich das Kalbfellränzchen um und machte das Pelzjäckchen an Sanna fester zu. Dann führte er sie aus der Höhle.

Weil sie nach ihrer Meinung nur über den Berg hinabzulaufen hatten, dachten sie an kein Essen und untersuchten das Ränzchen nicht, ob noch Weißbrote oder andere Eßwaren darinnen seien.

Von dem Berge wollte nun Konrad, weil der Himmel ganz heiter war, in die Täler hinabschauen, um das Gschaider Tal zu erkennen und in dasselbe hinunterzugehen. Aber er sah gar keine Täler.

Es war nicht, als ob sie sich auf einem Berge befänden, von dem man hinabsieht, sondern in einer fremden, seltsamen Gegend, in der lauter unbekannte Gegenstände sind. Sie sahen heute auch in größerer Entfernung furchtbare Felsen aus dem Schnee emporstehen, die sie gestern nicht gesehen hatten, sie sahen das Eis, sie sahen Hügel und Schneelehnen emporstarren, und hinter diesen war entweder der Himmel, oder es ragte die blaue Spitze eines sehr fernen Berges am Schneerande hervor.

In diesem Augenblick ging die Sonne auf. Eine riesengroßc, blutrote Scheibe erhob sich an dem Schneesaume in den Himmel, und in dem Augenblicke errötete der Schnee um die Kinder, als wäre er mit Millionen Rosen überstreut worden. Die Kuppen und die Hörner warfen sehr lange grünliche Schatten längs des Schnees.

»Sanna, wir werden jetzt da weiter vorwärtsgehen, bis wir an den Rand des Berges kommen, und hinuntersehen«, sagte der Knabe.

Sie gingen nun in den Schnee hinaus. Er war in der heiteren Nacht noch trockener geworden und wich den Schritten noch besser aus. Sie wateten rüstig fort. Ihre Glieder wurden sogar geschmeidiger und stärker, da sie gingen. Allein sie kamen an keinen Rand und sahen nicht hinunter. Schneefeld entwickelte sich aus Schneefeld, und am Saume eines jeden stand allemal wieder der Himmel. Sie gingen dessen ungeachtet fort.

Da kamen sie wieder an das Eis. Sie wußten nicht, wie das Eis dahergekommen sei, aber unter den Füßen empfanden sie den glatten Boden, und waren gleich nicht die fürchterlichen Trümmer wie an jenem Rande, an dem sie die Nacht zugebracht hatten, so sahen sie doch, daß sie auf glattem Eise fortgingen, sie sahen hie und da Stücke, die immer mehr wurden, die sich näher an sie drängten und sie wieder zu klettern zwangen. Aber sie verfolgten doch ihre Richtung.

Sie kletterten neuerdings an Blöcken empor. Da standen sie wieder auf dem Eisfelde. Heute bei der hellen Sonne konnten sie erst erblicken, was es war. Es war ungeheuer groß, und jenseits standen wieder schwarze Felsen empor, es ragte gleichsam Welle hinter Welle auf, das beschneite Eis war gedrängt, gequollen, emporgehoben, gleichsam als schöbe es sich nach vorwärts und flösse gegen die Brust der Kinder heran. In dem Weiß sahen sie unzählige vorwärtsgehende, geschlängelte blaue Linien. Zwischen jenen Stellen, wo die Eiskörper gleichsam wie aneinander geschmettert starrten, gingen auch Linien wie Wege, aber sie waren weiß, und waren Streifen, wo sich fester Eisboden vorfand, oder die Stücke doch nicht gar so sehr verschoben waren. In diese Pfade gingen die Kinder hinein, weil sie doch einen Teil des Eises überschreiten wollten, um an den Bergrand zu gelangen und endlich einmal hinunterzusehen. Sie sagten kein Wörtlein. Das Mädchen folgte dem Knaben. Aber es war auch heute wieder Eis, lauter Eis. Wo sie hinübergelangen wollten, wurde es gleichsam immer breiter und breiter. Da schlugen sie, ihre Richtung aufgebend, den Rückweg ein. Wo sie nicht gehen konnten, griffen sie sich durch die Mengen des Schnees hindurch, der oft dicht vor ihrem Auge wegbrach und den sehr blauen Streifen einer Eisspalte zeigte, wo doch früher alles weiß gewesen war; aber sie kümmerten sich nicht darum ...

»Sanna«, sagte der Knabe, »wir werden gar nicht mehr in das Eis hineingehen, weil wir in demselben nicht fortkommen. Und weil wir schon in unser Tal gar nicht hinabsehen können, so werden wir gerade über den Berg hinabgehen. Wir müssen in ein Tal kommen, dort werden wir den Leuten sagen, daß wir aus Gschaid sind, die werden uns einen Wegweiser nach Hause mitgeben.«

»Ja, Konrad«, sagte das Mädchen.

So begannen sie nun in dem Schnee nach jener Richtung abwärts zu gehen, welche sich ihnen eben darbot. Der Knabe führte das Mädchen an der Hand. Allein nachdem sie eine Weile abwärts gegangen waren, hörte in dieser Richtung das Gehänge auf, und der Schnee stieg wieder empor. Also änderten die Kinder die Richtung und gingen nach der Länge einer Mulde hinab. Aber da fanden sie wieder Eis. Sie stiegen also an der Seite der Mulde empor, um nach einer andern Richtung ein Abwärts zu suchen. Es führte sie eine Fläche hinab, allein die wurde nach und nach so steil, daß sie kaum noch einen Fuß einsetzen konnten und abwärts zu gleiten fürchteten. Sie klommen also wieder empor, um wieder einen andern Weg nach abwärts zu suchen. Nachdem sie lange im Schnee emporgeklommen und dann auf einem ebenen Rücken fortgelaufen waren, war es wie früher: Entweder ging der Schnee so steil ab, daß sie gestürzt wären, oder er stieg wieder hinan, daß sie auf den Berggipfel zu kommen fürchteten. Und so ging es immer fort.

Da wollten sie die Richtung suchen, in der sie gekommen waren, und zur roten Unglückssäule hinabgehen. Weil es nicht schneit und der Himmel so helle ist, so würden sie, dachte der Knabe, die Stelle schon erkennen, wo die Säule sein solle, und würden von dort nach Gschaid hinabgehen können.

Der Knabe sagte diesen Gedanken dem Schwesterchen, und diese folgte. Allein auch der Weg auf den Hals hinab war nicht zu finden.

So klar die Sonne schien, so schön die Schneehöhen dastanden und die Schneefelder dalagen, so konnten sie doch die Gegenden nicht erkennen, durch die sie gestern heraufgegangen waren. Gestern war alles durch den fürchterlichen Schneefall verhängt gewesen, daß sie kaum einige Schritte von sich gesehen hatten, und da war alles ein einziges Weiß und Grau durcheinander gewesen. Nur die Felsen hatten sie gesehen, an denen und zwischen denen sie gegangen waren: Allein auch heute hatten sie bereits viele Felsen gesehen, die alle den nämlichen Anschein gehabt hatten wie die gestern gesehenen. Heute ließen sie frische Spuren in dem Schnee; aber gestern sind alle Spuren von dem fallenden Schnee verdeckt worden. Auch aus dem bloßen Anblick konnten sie nicht erraten, welche Gegend auf den Hals führe, da alle Gegenden gleich waren. Schnee, lauter Schnee. Sie gingen aber doch immer fort und meinten, es zu erringen. Sie wichen den steilen Abstürzen aus und kletterten keine steilen Anhöhen hinauf.

Auch heute blieben sie öfter stehen, um zu horchen; aber sie vernahmen auch heute nichts, nicht den geringsten Laut. Zu sehen war auch nichts als der Schnee, der helle weiße Schnee, aus dem hie und da die schwarzen Hörner und die schwarzen Steinrippen emporstanden.

Endlich war es dem Knaben, als sähe er auf einem fernen schiefen Schneefelde ein hüpfendes Feuer. Es tauchte auf, es tauchte nieder.

Jetzt sahen sie es, jetzt sahen sie es nicht. Sie blieben stehen und blickten unverwandt auf jene Gegend hin. Das Feuer hüpfte immer fort, und es schien, als ob es näher käme; denn sie sahen es größer und sahen das Hüpfen deutlicher. Es verschwand nicht mehr so oft und nicht mehr auf so lange Zeit wie früher. Nach einer Weile vernahmen sie in der stillen blauen Luft schwach, sehr schwach etwas wie einen lange anhaltenden Ton aus einem Hirtenhorne. Wie aus Instinkt schrien beide Kinder laut. Nach einer Zeit hörten sie den Ton wieder. Sie schrien wieder und blieben auf der nämlichen Stelle stehen. Das Feuer näherte sich auch. Der Ton wurde zum dritten Mal vernommen, und dieses Mal deutlicher. Die Kinder antworteten wieder durch lautes Schreien. Nach einer geraumen Weile erkannten sie auch das Feuer. Es war kein Feuer, es war eine rote Fahne, die geschwungen wurde. Zugleich ertönte das Hirtenhorn näher, und die Kinder antworteten.

»Sanna«, rief der Knabe, »da kommen Leute aus Gschaid, ich kenne die Fahne, es ist die rote Fahne, welche der fremde Herr, der mit dem jungen Eschenjäger den Gars bestiegen hatte, auf dem Gipfel aufpflanzte, daß sie der Herr Pfarrer mit dem Fernrohre sähe, was als Zeichen gälte, daß sie oben seien, und welche Fahne damals der fremde Herr dem Herrn Pfarrer geschenkt hat. Du warst noch ein recht kleines Kind.«

»Ja, Konrad.«

Nach einer Zeit sahen die Kinder auch die Menschen, die bei der Fahne waren, kleine schwarze Stellen, die sich zu bewegen schienen. Der Ruf des Hornes wiederholte sich von Zeit zu Zeit und kam immer näher. Die Kinder antworteten jedes Mal.

Endlich sahen sie über den Schneeabhang gegen sich her mehrere Männer mit ihren Stöcken herabfahren, die die Fahne in ihrer Mitte hatten. Da sie näher kamen, erkannten sie dieselben. Es war der Hirt Philipp mit dem Horne, seine zwei Söhne, dann der junge Eschenjäger und mehrere Bewohner von Gschaid.

»Gebenedeit sei Gott«, schrie Philipp, »da seid ihr ja. Der ganze Berg ist voll Leute. Laufe doch einer gleich in die Sideralpe hinab und läute die Glocke, daß die dort hören, daß wir sie gefunden haben, und einer muß auf den Krebsstein gehen und die Fahne dort aufpflanzen, daß sie dieselbe in dem Tale sehen und die Böller abschießen, damit die es wissen, die im Millsdorfer Walde suchen, und damit sie in Gschaid die Rauchfeuer anzünden, die in der Luft gesehen werden, und alle, die noch auf dem Berge sind, in die Sideralpe hinab bedeuten. Das sind Weihnachten!«

Christopherus

Walter Schmidkunz

Der Heide Offerus war von gewaltiger Körperkraft und maß zwölf Ellen in der Länge. Der sprach bei sich: »Was nützet mir die Kraft, wenn ich sie nicht werten kann. Ich will in die Fremde gehen und nach dem mächtigsten Herrn fragen. Dem will ich dienen!«

Da wies man ihn an den Hof eines großen Fürsten, der über viel Land und Leute herrschte. Der König nahm ihn gern in seine Dienste und freute sich des starken Mannes. Aber einmal, da sang des Königs Spielmann ein Lied, darin der Teufel beim Namen genannt war. Der König schlug ein Kreuz vor seiner Seel', denn er war ein gottgläubiger Mann. Offerus wunderte sich darob gar sehr und fragte: »Herr, was soll's, daß du zwei Striche vor deinem Leib ziehst?«

»Ich segne mich mit diesem Zeichen, denn wenn man den Teufel nennt, so kann er mir auf diese Weise nichts anhaben!« »Wenn seine Macht so groß ist«, sagte der Riese, »daß du dich vor ihm fürchtest, dann will ich die längste Zeit bei dir gewesen sein und von deinem Hofe scheiden. Ich will nur dem Mächtigsten dienen!«

Und er machte sich auf den Weg, um den Teufel zu suchen. Aber wen er auch drum fragte, der konnte ihn nicht weisen, obgleich jeder den Teufel kannte und ihn so oft beim Namen nannte, als wär's der beste Bekannte. Bis Offerus eines Tages selbst mit ihm auf der weiten Heide zusammenstieß. Ein Ritter im roten Mantel auf schwarzem Roß war es, dem Offerus in den Weg gelaufen war. Der hielt den Riesen an: »Woaus des Wegs?« »Den Teufel zu suchen, denn ich wäre gern sein Knecht!« Sprach drauf der Ritter: »Der Teufel bin ich selber!

Und einen starken, willigen Knecht kann ich immer brauchen.« Da verdingte sich Offerus bei ihm und diente ihm voll Beflissenheit.

Bis sie eines Tages eine Straße ritten, wo ein Feldkreuz am Wege stand. Als das der Teufel sah, riß er sein Roß herum, schlug einen weiten Bogen um das Kreuz und mied den geraden Weg. Darob verwunderte sich der Knecht und fragte ihn: »Herr, warum reitest du den krummen Weg?« Der Teufel hätte es gern verschwiegen, denn er schämte sich seiner Schwäche. Als aber der Knecht anhub: »Du sollst mir die Wahrheit sagen oder ich dien' dir keine Stunde länger!«, da sprach der Teufel: »Es stund ein Kreuz am Wege, das Zeichen fürcht' ich und muß ihm weichen!«

»Oho!«, meinte Offerus, »wenn dem so ist, so ist der Herr, der dieses Zeichen führt, stärker als du. Wir sind geschiedene Leute, denn ich will jenes Mächtigen Dienste suchen!« Und es halfen dem Teufel kein Widerreden und kein gehobener Geldbeutel. So wanderte Offerus weiter und fragte allenthalben nach dem hochmächtigen Herrn oder König, der das Kreuzeszeichen im Schilde führte. Aber wen er auch fragte, niemand konnte ihn weisen. Und keiner wollte je einen solchen Herrn gesehen haben.

Kam er in die Wüstenöde. Kam zu einem Einsiedler, der in einer Höhle hauste, den fragte er nach jenem mächtigen Herrn. »Ich kenne ihn wohl, er ist die große Macht, ihm ist Erde und Himmel untertan, er ist der Herr aller Herren und der König der Könige. Ich selbst bin einer seiner armen Diener und bereite mich vor auf seine Ankunft!«

Sprach Offerus, der Riese: »Ich will gleich dir ihm Diener und Knecht sein. Weise mich zu ihm!« Und der Einsiedler antwortete ihm: »Der Herr will nur Reine und Tugendhafte in seiner Gefolgschaft. Du mußt dich erst seiner würdig erweisen!« »Sag an, was ich zu tun habe!« »Erstlich sollst du fasten und wachen!« Offerus drauf: »Ich mag nicht fasten und wachen. Das ist kein Werk für mich!« »Dein Herr wird von dir verlangen, daß du betest!« Sprach der Riese: »Das kann ich nicht, das hat mich keiner gelehrt. Weis' mir andere Arbeit!« Da sagte der Eremit: »Es fließt nicht weit von hier ein Strom, der weder Brücke noch Steg hat. Den letzten Fährmann haben mitsamt dem Kahn die Strudel verschlungen. Du bist stark und groß, willst du Menschen auf deinen Schultern über das Wasser tragen um Gottes Lohn, so wird dein Probedienst dem Herrn wohlgefällig sein.«

»Wohlan!«, sprach Offerus der Riese, »das will ich tun«, und wanderte in die Wüste hinein, bis er an den großen Strom kam, baute sich da eine Hütte am Ufer und wartete seines Tagewerkes. Und es führte der Karawanen- und Reiseweg durch die große Wüste hier über den Fluß. Der Menschen kamen viele, mit Getier und Gepäck, und wer immer kam, den trug der Riese trockenen Fußes um Gottes Lohn durch das mannstiefe Wasser, das ihm kaum an die Knie ging. Er hatte im treibenden Wasser einen festen Baumstamm gefunden und auf diesen stützte er sich wie auf einen Wanderstab. Und war zu jeder Stunde für seinen Hilfsdienst gerüstet.

Eines Nachts schlief Offerus in seiner Hütte, denn in der Nacht gebrauchte man nur selten seine Dienste. Da hörte er, wie vom drüberen Ufer eine feine Stimme »Hol über« rief. Er rieb sich die Augen und dachte bei sich, er habe wohl geträumt, und wie käme bei Nacht ein Kind dieses Weges und legte sich wieder auf sein Lagerfell. Da wiederholte es sich, daß die Kinderstimme rief. Stand Offerus also auf, griff nach seiner Stange und watete hinüber. Aber wie er auch suchte und ärgerlich mit gewaltiger Stimme rief, daß die Ufer dröhnten, er fand niemanden, der gerufen haben könnte. Watete darum zurück nach seiner Hütte und warf sich neuerlich aufs Lager. Und da rief es zum dritten Mal: »Offerus, hol über!« Es war sein Dienst, also ging er abermals in die Nacht hinaus und durch den Fluß. Und er fand am jenseitigen Ufer ein alleiniges Kindlein vor, das ihn mit lieber Stimme bat: »Trag mich hinüber!« Da hob es der Riese auf die Schulter und lachte des geringen Gewichtes. Denn eine Mücke hätte ihn nicht mehr beschwert. Er griff nach seinem Stab und schritt mit mächtigem Gang in das Wasser hinein. Aber das Wasser wuchs und wuchs und reichte dem Riesen schon über die Knie, und nie seit Menschengedenken war der Strom so tief und von solcher Mächtigkeit gewesen. Aber die Leichtigkeit des Kindes war eitel Trug. Das Kind war schwer wie Blei und wurde immer schwerer und drückte den riesigen Träger schier zu Boden. Und das Wasser schwoll, daß er fürchtete, er müsse ertrinken.

Als er in die Mitte des Stromes gekommen war, sprach er unter Keuchen: »Bei Gott, um dessen Lohn ich diene, wie gar schwer bist du! Ich dachte, ich trüge ein geringes Kind, und nun ist mir, als ob ich alle Welt auf meinen Schultern trüge!« Da sprach das Kind, und ein Leuchten ging aus von seinem Haupte, daß es weithin die Gegend erhellte: »Du trägst nicht allein die Welt auf deinen starken Schultern, du trägst den, der sie geschaffen, der Himmel und Erde und Berge und Wasser aus seinem Herzen springen ließ. Den trägst du! Und bist in Treue sein Diener geworden!«

Und es schwollen die Wasser zu mächtigem Schwall und netzten dem Riesen das Kinn und überspülten den Stab. Da drückte ihn das Kind vollends unter die Wellen und sprach: »Ich bin Jesus Christus, dein Herr und dein Gott und ich taufe dich zu meinem Knecht. Bisan hießest du Offerus, der Träger, nun aber sollst du Christopherus heißen, nach mir, deinem Herrn!« Und Christopherus trug den Herrn und die Welt über den Fluß und setzte am Ufer die göttliche Last mit sanftem Bedacht ab. Da sprach Christus: »Und zum Zeichen, daß ich wahr redete, nimm deinen toten Stab und stecke ihn zum Gedenken hier in die Erde. Morgen wird er grünen und blühen und reiche Früchte tragen!«

Und als er die riesige Stange mit wuchtiger Hand in den Boden gerammt hatte und sich umsah, da war das wunderbare Kind verschwunden. Doch über Nacht war der tote Baumstamm eingewurzelt und Blätter, Blüten und Früchte hingen hoch in seiner Krone.

Das sterbende Kind

Waldemar Bonsels

Zwischen hohen Ahornbäumen, nicht allzu weit von der Waldwiese entfernt, lag ein altes Bauernhaus mit niedrigem großen Dach und kleinen Fenstern. Dort schimmerte um Mitternacht ein roter Lampenschein aus einem der Fenster, und Uku, die Eule, die das winzige rote Lichtlein in der Ferne sah, machte sich auf und flog über die Felder dorthin.

Das Licht zog sie an und erfüllte sie zugleich mit Ingrimm. Es war nun einmal ihre Meinung, daß es in der Nacht dunkel zu sein hätte, nur der Schein des Mondes oder der Sterne war ihr lieb. Daß aber in den Behausungen der Menschen bisweilen diese stillen roten Feuer aufglommen, die ihr Licht auf die Blätter der Bäume warfen oder weit in das Land hinein, wie rötliche Wege, die durch die Luft führten, machte Ukus Blut vor Erbitterung pochen. Aber doch vermochte sie sich nicht abzuwenden, und besonders wenn die Nacht weiter und weiter dahinzog, und solch ein Lichtschein wollte nicht erlöschen, nahm ihre Unruhe und Begierde überhand, und sie mußte herzufliegen, fast gegen ihren Willen, um das Licht zu sehen.

So langte sie auch in dieser Nacht in den Ahornbäumen dicht vor dem erleuchteten Fenster an und schrie laut und klagend auf, und noch einmal und wieder, so daß alle Tiere, die des Nachts leben, erschrocken aufhorchten und mit dunklen Augen in die Nacht lauschen. Denn der Schrei der Eule in der Finsternis der schlafenden Bäume hat etwas unbeschreiblich Trauriges, und zugleich klingt er grimmig und erbost. Er scheucht die Gedanken der Wesen auf und jagt sie durch die

Waldemar Bonsels

Nacht, die traurigen zuerst, und läßt ein verzagtes Sinnen in den Gemütern zurück.

Aber Uku wußte hiervon nichts, sie erzürnte sich im Grunde nur über das Licht und versuchte wieder und wieder durch ihre kurzen, klagenden Rufe kundzutun, daß der Frieden der Nacht und ihre eigene Ruhe durch den roten Schimmer gestört wurden; sie sah auch nicht in die Stube des Hauses hinein und wußte nicht, was drinnen vor sich ging und weshalb immer noch die Kerze brannte, obgleich Mitternacht schon vorüber war.

Im Zimmer lag auf seinem Bett ein Kind und starb. Es war ein kleiner Knabe mit dunklem Haar und einem nicht eben schönen Gesicht, seine Haare waren rauh und vom Fieber feucht, und die Züge seines Gesichts bleich, wie auch seine Hände, die merkwürdig ruhlos über die Decke tasteten, als ob sie mit einem unsichtbaren Spielzeug umgingen. Der Knabe erfreute sich bei seinen Spielkameraden keiner Beliebtheit, weil er sich nicht anpassen konnte und verschlossen und schweigsam war.

Seine Mutter saß am Bett und schaute ihn unverwandt an. Eine Mutter will nicht wissen, ob ihr Kind schön oder unschön ist, sie liebt es so, wie es ihr gegeben worden ist, und fragt nur danach, ob es froh oder traurig ist, ob es ihm wohlergeht oder ob es leidet, nicht aber nach seinem Wert; alles, was eine Mutter liebt, ist in ihren Augen soviel wert wie ihre Liebe, und es gibt nichts in der Welt, was wertvoller wäre als die Liebe einer Mutter. Und so bewegte das Gemüt der Frau, die am Bett ihres Sohnes saß, in dieser Nacht allein die Sorge, ob ihr Kind genesen würde oder ob es sterben müßte.

Da hörte sie die Eule in den Bäumen vor ihrem Fenster rufen, und ein furchtbarer Schreck durchfuhr sie, so daß sie, am ganzen Körper zitternd, aufsprang und ihre Hände auf ihr gequältes Herz preßte, das ohnehin vor Angst nicht mehr ein noch aus wußte. Die arme Frau ahnte nicht, daß draußen Uku nur das Kerzenlicht anschrie, sondern sie glaubte, was die Leute erzählt hatten, daß ein kranker Mensch sterben müßte, wenn die Eule nachts vor seinem Fenster riefe. Das ist eine alte Sage, an die viele Menschen glauben. Sie ist dadurch entstanden, daß bei Kranken des Nachts Licht zu brennen pflegt, das die Nachtvögel anlockt. Aber die Eulen haben nichts mit der Verkündung des Todes zu tun. Wenn die bedrängte Mutter in ihrer Not gewußt hätte, weshalb Uku in den Ahornbäumen schrie, so würde ihre Angst geringer gewesen sein; nun aber zitterte sie vor Schmerz und Entsetzen, denn sie glaubte, die Eule kündete ihr den Tod ihres Kindes an.

Nach einer Weile hatte sich Uku mehr und mehr an den Lichtschein gewöhnt, er blendete sie nicht mehr, und sie beruhigte sich etwas. Da die Fenster geöffnet waren, erkannte sie nun die Mutter am Bett ihres sterbenden Kindes, allein in der Nacht und in dem großen, dunklen Haus. Uku wurde deutlich, daß der Tod dort Einzug hielt, sie schwieg betroffen und schaute angstvoll hinab. Sie sah, daß das Kind sich im Fieber hin und her warf, und als es ärger und ärger wurde, klagte die hilflose Mutter laut auf und schrie zu Gott empor um Barmherzigkeit; denn sie hatte nur diesen einen Sohn und sonst auf der Welt nichts.

Da warf sich Uku in ihre lautlosen Flügel und flog auf die Waldwiese und weckte den Elfen.

»Elf«, sagte sie, »es stirbt ein kleiner Mensch, kannst du nicht der Mutter helfen?«

Der Elf sah betrübt auf und schüttelte den Kopf.

»Ich habe keine Macht über den Tod und darf nicht zu den Menschen sprechen«, sagte er. »Wenn das Kind sterben soll, so ist es in Gottes Rat beschlossen.«

Uku schwieg. Es war ihr wirklich nahegegangen, die Mutter vor Schmerzen in laute Klagen ausbrechen zu sehen. Sie dachte an die Zeit, in der sie selber noch um ihre Jungen in Angst und Liebesnot gewesen war, und verstand das Herzeleid der Mutter. Deshalb fragte sie jetzt noch einmal:

»Kannst du keine Hilfe bringen, Elf? Du hast schon so viel getan, daß es uns oft erschienen ist, als vollbrächtest du Wunder der Liebe. Hilf dem kleinen Menschen! Er wirft sich auf seinem Lager hin und her, und der Tod wird ihm schwer, aber mir war so, als stürbe seine Mutter den Tod hundertmal für ihn.«

»Wenn ich dem Kinde mein Leben geben könnte, so würde ich es tun, aber ich kann es nicht«, beteuerte der Elf.

»So tröste die Mutter!«, rief Uku, »du bist gütig und deine Wort sinken ins Herz wie ein Lied.«

Der Elf sah lange stumm vor sich hin, und seine Trauer nahm zu. Endlich sagte er ernst:

»Eine Mutter kann niemand über den Verlust ihres Sohnes trösten, Uku. Eher ist es möglich, eine Welt aus ihren Sünden zu erlösen als eine Mutter aus dem Schmerz um ihren Sohn. Ein Jüngling kann ein Mädchen vergessen, das er lieb gehabt hat, eine Schwester kann die Liebe zu ihrem Bruder verraten, und selbst ein Freund soll den Verlust seines Freundes verwinden können, aber den Schmerz einer Mutter um ihren Sohn heilt niemand. So ist es bei den Menschen bestellt.«

»So fliege mir zulieb hinüber, Elf, und versuche es, ich bitte dich. Gehst du nicht in der Gestalt eines Engels einher, begleitet vom Licht? Warum sollte es das Herz einer Mutter nicht erleichtern, dich zu sehen, da du doch uns alle gesegnet hast? Erlöse sie von ihrem Gram, bedenke, auch dich verlangt danach, einmal erlöst zu werden.«

Da breitete der Elf seine Flügel aus und flog davon, und Uku atmete tief auf und dachte: Nun wird alles besser werden.

Als der Elf auf dem verlassenen Hof im nächtlichen Land ankam, war das Kind gestorben. Er flog in das Zimmer hinein und ließ sich zu Häupten des Bettes nieder, über das die Mutter sich in ihrem Schmerz geworfen hatte. Sie bedeckte den erkaltenden Körper ihres Kindes mit dem ihren und preßte ihr Angesicht auf das erloschene Augenpaar des toten Knaben. Die stille Nacht nahm ihre Klage auf; in dem kleinen, armen Raum, in dem sie wohnte, flackerte das Licht der erlöschenden Kerze an den weißen Wänden. Zuweilen hob sie ihr verhärmtes Gesicht, das von Leid entstellt war, und sah mit leeren Augen, die von keinen Tränen gekühlt wurden, in die Nacht hinaus. Nie hatte der Elf so viel Hoffnungslosigkeit und Anklage in den Augen eines irdischen Wesens gesehen, ihn kam ein Zittern an, und er brach in Schluchzen aus.

Da war es, als sein Schluchzen erklang, als lauschte die Mutter auf. Ein krampfhaftes Beben durchschüttelte ihren ganzen Körper, und während sie mit starren Augen auf dies leise Schluchzen lauschte, das von weit her zu kommen schien, brach es wie mit einer alten Erinnerung aus ihren heißen Augen hervor, glitzerte auf wie Nachttau und tropfte nieder, und eine unfaßbare wohltuende Erleichterung löste den brennenden Druck in ihrer Brust. Ihre Klage und ihr Geschrei verstummten, sie sank still in sich zusammen und weinte. Es war, als hätte eine alte Erdengnade Einzug in ihr Gemüt gehalten.

Der Elf wunderte sich und sann und sann. So hatte Uku recht behalten, aber er ahnte nicht, welche Wohltat er gebracht hatte; ihm war nur, als sei durch ein Wunder den Schmerzen der Mutter ein Ausweg geschaffen worden, die Bahn zum Himmel zu finden.

Ich kann nicht helfen, dachte er traurig, denn weil er ein Blumenelf war und kein sterblicher Mensch, so wußte er nicht, daß er den einzigen Trost gebracht hatte, den die Menschen in ihren größten Schmerzen annehmen können.

Das fremde Kind

E. T. A. HOFFMANN

ES WAR EINMAL EIN EDELMANN, der hieß Thaddäus von Brakel und wohnte in dem kleinen Dörfchen Brakelheim, das er von seinem verstorbenen Vater, dem alten Herrn von Brakel, geerbt hatte und das mithin sein Eigentum war. Die vier Bauern, die außer ihm noch in dem Dörfchen wohnten, nannten ihn den gnädigen Herrn, unerachtet er wie sie mit schlicht ausgekämmten Haaren einherging und nur sonntags, wenn er mit seiner Frau und seinen beiden Kindern, Felix und Christlieb geheißen, nach dem benachbarten großen Dorfe zur Kirche fuhr, statt der großen Tuchjacke, die er sonst trug, ein feines grünes Kleid und eine rote Weste mit goldenen Tressen anlegte, welches ihm recht gut stand. Eben dieselben Bauern pflegten auch, fragte man sie: »Wo komme ich denn hin zum Herrn von Brakel?«, jedes Mal zu antworten: »Nur immer vorwärts durch das Dorf den Hügel herauf, wo die Birken stehen, da ist des gnädigen Herrn sein Schloß!« Nun weiß doch aber jedermann, daß ein Schloß ein großes, hohes Gebäude sein muß mit vielen Fenstern und Türen, ja wohl gar mit Türmen und funkelnden Windfahnen, von dem allen war aber auf dem Hügel mit den Birken gar nichts zu spüren; vielmehr stand da nur ein niedriges Häuschen mit wenigen kleinen Fenstern, das man kaum früher, als dicht davor angekommen, erblicken konnte. Geschieht es aber wohl, daß man vor dem hohen Tor eines großen Schlosses plötzlich stillsteht und, angehaucht von der herausströmenden eiskalten Luft, angestarrt von den toten Augen der seltsamen Steinbilder, die wie grauliche Wächter sich an die Mauer lehnen, alle Lust verliert hineinzusehen, sondern lieber umkehrt; so war das bei dem kleinen Hause des Herrn Thaddäus von Brakel ganz und gar nicht der Fall. Hatten nämlich schon im Wäldchen die schönen, schlanken Birken mit ihren belaubten Ästen, wie mit zum Gruß ausgestreckten Armen uns freundlich zugewinkt, hatten sie im frohen Rauschen und Säuseln uns zugewispert: »Willkommen, willkommen unter uns!«, so war es denn nun vollends bei dem Hause, als riefen holde Stimmen aus den spiegelhellen Fenstern, ja überall aus dem dunklen, dicken Weinlaube, das die Mauern bis zum Dach herauf bekleidete, süß tönend heraus: »Komm doch nur herein, du lieber müder Wanderer, hier ist es gar hübsch und gastlich!« Das bestätigten denn auch die Nest hinein, Nest hinaus lustig zwitschernden Schwalben, und der alte, stattliche Storch schaute ernst und klug vom Rauchfange herab und sprach: »Ich wohne nun schon manches liebe Jahr hindurch zur Sommerszeit hier, aber ein besseres Logement finde ich nicht auf Erden, und könnte ich nur die mir angeborne Reiselust bezwingen, wär's nur nicht zur Winterszeit hier so kalt und das Holz so teuer, niemals rührt' ich mich von der Stelle.« – So anmutig und hübsch, wenn auch gleich gar kein Schloß, war das Haus des Herrn von Brakel …

Felix und Christlieb waren eines Morgens nach dem Walde gelaufen. Die Mutter hatte es ihnen eingeschärft, ja recht bald wiederzukommen, weil sie nun viel mehr in der Stube sitzen und viel mehr schreiben und lesen müßten als sonst, damit sie sich nicht gar zu sehr zu schämen brauchten vor dem Hofmeister, der nun nächstens kommen werde, deshalb sprach Felix: »Laß uns nun das Stündchen über, das wir draußen bleiben dürfen, recht tüchtig springen und laufen!«

Sie begannen auch gleich, sich als Hund und Häschen herumzujagen; aber so wie dieses Spiel, erregten auch alle übrigen Spiele, die sie anfingen, nach wenigen Sekunden ihnen nur Überdruß und Langeweile. Sie wußten selbst gar nicht, wie es denn nur kam, daß ihnen gerade heute tausend ärgerliches Zeug geschehen mußte. Bald flatterte Felixens Mütze, vom Winde getrieben, ins Gebüsch, bald strauchelte er und fiel auf die Nase im besten Rennen, bald blieb Christlieb mit den Kleidern hängen am Dornstrauch oder stieß sich den Fuß am spitzen Stein, daß sie laut aufschreien mußte. Sie gaben bald alles Spielen auf und schlichen mißmutig durch den Wald. »Wir wollen nur in die Stube kriechen«, sprach Felix, warf sich aber, statt weiterzugehen, in den Schatten eines schönen Baums. Christlieb folgte seinem Beispiel. Da saßen die Kinder nun voller Unmut und starrten stumm in den Boden hinein.

Doch plötzlich hielten sie inne und fragten voll Erstaunen: »Siehst du's, Christlieb?« – »Hörst du's, Felix?« – Aus dem tiefsten Schatten des dunklen Gebüsches, das den Kindern gegenüber lag, blickte ein wundersamer Schein, der wie sanfter Mondesstrahl über die vor Wonne zitternden Blätter gaukelte, und durch das Säuseln des Waldes ging ein süßes Getön, wie wenn der Wind über Harfen hinstreicht und im Liebkosen die schlummernden Akkorde weckt. Den Kindern wurde ganz seltsam zumute, aller Gram war von ihnen gewichen, aber die Tränen standen ihnen in den Augen vor süßem, nie gekanntem Weh. So wie lichter und lichter der Schein durch das Gebüsch strahlte, so wie lauter und lauter die wundervollen Töne erklangen, klopfte den Kindern höher das Herz, sie starrten hinein in den Glanz, und, ach!, sie gewahrten, daß es das von der Sonne hell erleuchtete, holde Antlitz des lieblichsten Kindes war, welches ihnen aus dem Gebüsch zulächelte und zuwinkte. »O komm doch nur zu uns – komm doch nur zu uns, du liebes Kind!«, so riefen beide, Christlieb und Felix, indem sie aufsprangen und voll unbeschreiblicher Sehnsucht die Hände nach der holden Gestalt ausstreckten. »Ich komme – ich komme«, rief es mit süßer Stimme aus dem Gebüsch, und leicht, wie vom säuselnden Morgenwinde getragen, schwebte das fremde Kind herüber zu Felix und Christlieb.

»Ich hab' euch wohl aus der Ferne weinen und klagen gehört«, sprach das fremde Kind, »und da hat es mir recht leid um euch getan; was fehlt euch denn, liebe Kinder?«

»Ach, wir wußten es selbst nicht recht«, erwiderte Felix, »aber nun ist es mir so, als wenn nur du uns gefehlt hättest.« – »Das ist wahr«, fiel Christlieb ein, »nun du bei uns bist, sind wir wieder froh! Warum bist du aber auch so lange ausgeblieben?« – Beiden Kindern war es in der Tat so, als ob sie schon lange das fremde Kind gekannt und mit ihm gespielt hätten und als ob ihr Unmut nur daher gerührt hätte, daß der liebe Spielkamerad sich hat nicht mehr blicken lassen. »Spielsachen«, sprach Felix weiter, »haben wir nun freilich gar nicht, denn ich einfältiger Junge habe gestern die schönsten, die Vetter Pumphose mir geschenkt hatte, schändlich verdorben und weggeschmissen, aber spielen wollen wir doch wohl.« – »Ei Felix«, sprach das fremde Kind, indem es laut auflachte, »ei, wie magst du nur so sprechen? Das Zeug, das du weggeworfen hast, das hat gewiß nicht viel getaugt, du sowie Christlieb, ihr seid ja beide ganz umgeben von dem herrlichsten Spielzeuge, das man nur sehen kann.« – »Wo denn? – Wo denn?«, riefen Christlieb und Felix. »Schaut doch um euch«, sprach das fremde Kind. – Und Felix und Christlieb gewahrten, wie aus dem dicken Grase, aus dem wolligen Moose allerlei herrliche Blumen wie mit glänzenden Augen hervorguckten, und dazwischen funkelten bunte Steine und kristallne Muscheln, und goldene Käferchen tanzten auf und nieder und summten leise Liedchen. – »Nun wollen wir einen Palast bauen, helft mir, hübsch die Steine zusammenzutragen!« So rief das fremde Kind, indem es, zur Erde gebückt, bunte Steine aufzulesen begann. Christlieb und Felix halfen, und das fremde Kind wußte so geschickt die Steine zu fügen, daß sich bald hohe Säulen erhoben, die in der Sonne funkelten wie poliertes Metall, und darüber wölbte sich ein luftiges, goldenes Dach.

Nun küßte das fremde Kind die Blumen, die aus dem Boden hervorguckten; da rankten sie im süßen Gelispel in die Höhe, und sich in holder Liebe verschlingend bildeten sie duftende Bogengänge, in denen die Kinder voll Wonne und Entzücken umhersprangen. Das fremde Kind klatschte in die Hände, da sumste das goldene Dach des

Palastes – Goldkäferchen hatten es mit ihren Flügeldecken gewölbt – auseinander, und die Säulen zerflossen zum rieselnden Silberbach, an dessen Ufer sich die bunten Blumen lagerten und bald neugierig in seine Wellen guckten, bald, ihre Häupter hin- und herwiegend, auf sein kindisches Plaudern horchten. Nun pflückte das fremde Kind Grashalme und brach kleine Ästchen von den Bäumen, die es hinstreute vor Felix und Christlieb. Aber aus den Grashalmen wurden bald die schönsten Puppen, die man nur sehen konnte, und aus den Ästen kleine, allerliebste Jäger. Die Puppen tanzten um Christlieb herum und ließen sich von ihr auf den Schoß nehmen und lispelten mit feinen Stimmchen: »Sei uns gut, sei uns gut, liebe Christlieb.« Die Jäger tummelten sich und klirrten mit den Büchsen und bliesen auf ihren Hörnern und riefen: »Hallo! Hallo! zur Jagd! zur Jagd!«

Da sprangen Häschen aus den Büschen und Hunde ihnen nach, und die Jäger knallten hinterdrein! – Das war eine Lust – alles verlor sich wieder, Christlieb und Felix riefen: »Wo sind die Puppen, wo sind die Jäger?« Das fremde Kind sprach: »Oh, die stehen euch alle zu Gebote, die sind jeden Augenblick bei euch, wenn ihr nur wollt, aber möchtet ihr nicht lieber jetzt ein bißchen durch den Wald laufen?« – »Ach ja, ach ja!«, riefen beide, Felix und Christlieb. Da faßte das fremde Kind sie bei den Händen und rief: »Kommt, kommt!«, und damit ging es fort.

Aber das war ja gar kein Laufen zu nennen! Nein! Die Kinder schwebten im leichten Fluge durch Wald und Flur, und die bunten Vögel flatterten, laut singend und jubilierend, um sie her. Mit einem Mal ging es hoch – hoch in die Lüfte. »Guten Morgen, Kinder! Guten Morgen, Gevatter Felix!«, rief der Storch im Vorbeistreifen! »Tut mir nichts, tut mir nichts – ich fress' euer Täublein nicht!«, kreischte der Geier, sich in banger Scheu vor den Kindern durch die Lüfte schwingend – Felix jauchzte laut, aber der Christlieb wurde bange. »Mir vergeht der Atem – ach, ich falle wohl!«, so rief sie, und in demselben Augenblick ließ sich das fremde Kind mit den Gespielen nieder und sprach: »Nun singe ich euch das Waldlied zum Abschiede für heute, morgen komm' ich wieder.«

Nun nahm das Kind ein kleines Waldhorn hervor, dessen goldne Windungen beinahe anzusehen waren wie leuchtende Blumenkränze, und begann darauf so herrlich zu blasen, daß der ganze Wald wundersam von den lieblichen Tönen widerhallte, und dazu sangen die Nachtigallen, die wie auf des Waldhorns Ruf herbeiflatterten und sich dicht neben dem Kinde in die Zweige setzten, ihre herrlichsten Lieder. Aber plötzlich verhallten die Töne mehr und mehr, und nur ein leises Säuseln quoll aus den Gebüschen, in die das fremde Kind hingeschwunden. »Morgen, morgen kehr' ich wieder!«, so rief es aus weiter Ferne den Kindern zu, die nicht wußten, wie ihnen geschehen, denn solch innere Lust hatten sie nie empfunden. »Ach, wenn es doch nur schon wieder morgen wäre!«, so sprachen beide, Felix und Christlieb, indem sie voller Hast nach Hause liefen, um den Eltern zu erzählen, was sich im Walde begeben ...

Aber wie zur Bildsäule erstarrt, blieben sie in der Haustüre stehen, als ihnen Herr Thaddäus von Brakel entgegentrat und an seiner Seite einen fremden verwunderlichen Mann hatte, der halb vernehmlich in sich hineinbrummte: »Das sind mir saubere Rangen!« – »Das ist der Herr Hofmeister«, sprach der Herr von Brakel, indem er den Mann bei der Hand ergriff, »das ist der Herr Hofmeister, den euch der gnädige Onkel geschickt hat. Grüßt ihn fein artig!« Aber die Kinder sahen den Mann von der Seite an und konnten sich nicht regen und bewegen. Das kam daher, weil sie solch eine wunderliche Gestalt noch niemals geschaut. Der Mann mochte kaum mehr als einen halben Kopf höher sein als Felix, dabei war er aber untersetzt; nur stachen gegen den sehr starken, breiten Leib die kleinen, ganz dünnen Spinnenbeinchen seltsam ab. Der unförmliche Kopf war beinahe viereckig zu nennen, und das Gesicht fast gar zu häßlich, denn außerdem, daß zu den dicken, braunroten Backen und dem breiten Maule die viel zu lange spitze Nase gar nicht passen wollte, so glänzten auch die kleinen hervorstehenden Glasaugen so graulich, daß man ihn gar nicht gern ansehen mochte. Übrigens hatte der Mann eine pechschwarze Perücke auf den viereckichten Kopf gestülpt, war auch von Kopf bis Fuß pechschwarz gekleidet und hieß: Magister Tinte.

Als nun die Kinder sich nicht rückten und rührten, wurde die Frau von Brakel böse und rief: »Potztausend, ihr Kinder, was ist denn das? Der Herr Magister wird euch für ganz ungeschliffene Bauernkinder halten müssen. Fort! gebt dem Herrn Magister fein die Hand!« Die Kinder ermannten sich und taten, was die Mutter befohlen, sprangen aber, als der Magister ihre Hände faßte, mit dem lauten Schrei: »O weh, o weh!« zurück. Der Magister lachte hell auf und zeigte eine heimlich in der Hand versteckte Nadel vor, womit er die Kinder, als sie ihm die Hände reichten, gestochen. Christlieb weinte, Felix aber grollte den Magister von der Seite an: »Versuche das nur noch einmal, kleiner Dickbauch.« – »Warum taten Sie das, lieber Herr Magister Tinte?«, fragte etwas mißmütig der Herr von Brakel. Der Magister erwiderte: »Das ist nun einmal so meine Art, ich kann davon gar nicht lassen.« Und dabei stemmte er beide Hände in die Seite und lachte immerfort, welches aber zuletzt so widerlich klang wie der Ton einer verdorbenen Schnarre. »Sie scheinen ein spaßhafter Mann zu sein, lieber Herr Magister Tinte«, sprach der Herr von Brakel; aber ihm sowohl als der Frau von Brakel, vorzüglich den Kindern, wurde ganz unheimlich zumute. »Nun, nun«, rief der Magister, »wie steht's denn mit den kleinen Krabben, schon tüchtig in den Wissenschaften vorgerückt? Wollen doch gleich sehen.«

Als nun aber beide versicherten, daß sie die Wissenschaften noch gar nicht auswendig wüßten, da schlug der Magister Tinte die Hände über dem Kopf zusammen, daß es klatschte, und schrie wie besessen: »Das ist was Schönes! – keine Wissenschaften. Das wird Arbeit geben! Wollen's aber schon kriegen!« Felix sowie Christlieb, beide schrieben eine saubere Handschrift und wußten aus manchen alten Büchern, die ihnen der Herr von Brakel in die Hände gab und die sie emsig lasen, manche schöne Geschichte zu erzählen; das achtete aber der Magister Tinte für gar nichts, sondern meinte, das alles wäre nur dummes Zeug. – Ach! nun war an kein In-den-Wald-laufen mehr zu denken! – Statt dessen mußten die Kinder beinahe den ganzen Tag zwischen den vier Wänden sitzen und dem Magister Tinte Dinge nachplappern, die sie nicht verstanden.

»Ach, wir sollen nicht mehr in den Wald«, klagte Christlieb, indem sie bitterlich weinte. So sehr auch der Herr von Brakel den Felix ausschalt, taten ihm doch die Kinder leid, die nicht mehr in Flur und Hain herumschwärmen sollten. Der Magister Tinte mußte sich dazu verstehen, täglich mit den Kindern den Wald zu besuchen. Es ging ihm schwer ein. »Hätten Sie nur, Herr von Brakel«, sprach er, »einen vernünftigen Garten mit Buchsbaum und Staketen am Hause, so könnte man in der Mittagsstunde mit den Kindern spazieren gehen; was in aller Welt sollen wir aber in dem wilden Walde?« Die Kinder waren auch ganz unzufrieden, und die sprachen nun wieder: »Was soll uns der Magister Tinte in unserm lieben Walde?«

»Nun? – gefällt es dir nicht in unserm Walde, Herr Magister?« So fragte Felix den Magister Tinte, als sie daherzogen durch das rauschende Gebüsch. Der Magister Tinte zog aber ein saures Gesicht und rief: »Dummes Zeug, hier ist kein ordentlicher Steg und Weg, man zerreißt sich nur die Strümpfe und kann vor dem häßlichen Gekreisch der dummen Vögel gar kein vernünftiges Wort sprechen.«

»Haha, Herr Magister«, sprach Felix, »ich merk' es schon, du verstehst dich nicht auf den Gesang und hörst es auch wohl gar nicht einmal, wenn der Morgenwind mit den Büschen plaudert und der alte Waldbach schöne Märchen erzählt.« – »Und«, fiel Christlieb dem Felix ins Wort, »sag' es nur, Herr Magister, du liebst auch wohl nicht die Blumen?« Da wurde der Herr Magister noch kirschbrauner im Antlitz, als er schon von Natur war, er schlug mit den Händen um sich und schrie ganz erbost: »Was sprecht ihr da für tolles albernes Zeug? – wer hat euch die Narrheiten in den Kopf gesetzt? Das fehlte noch, daß

Wälder und Bäche dreist genug wären, sich in vernünftige Gespräche zu mischen, und mit dem Gesange der Vögel ist es auch nichts; Blumen lieb' ich wohl, wenn sie fein in Töpfe gesteckt sind und in der Stube stehen, dann duften sie, und man erspart das Räucherwerk. Doch im Walde wachsen ja gar keine Blumen.«

»Aber, Herr Magister«, rief Christlieb, »siehst du denn nicht die lieben Maiblümchen, die dich recht mit hellen freundlichen Augen angucken?« – »Was, was«, schrie der Magister, »Blumen? Augen? – ha ha ha – schöne Augen – schöne Augen! Die nichtsnutzigen Dinger riechen nicht einmal!« – Und damit bückte sich der Magister Tinte zur Erde nieder, riß einen ganzen Strauß Maiblümchen samt den Wurzeln heraus und warf ihn fort ins Gebüsch.

Den Kindern war es, als ginge in dem Augenblick ein wehmütiger Klagelaut durch den Wald; Christlieb mußte bitterlich weinen, Felix biß unmutig die Zähne zusammen. Da geschah es, daß ein kleiner Zeisig dem Magister Tinte dicht bei der Nase vorbeiflatterte, sich dann auf einen Zweig setzte und ein lustiges Liedchen anstimmte. »Ich glaube gar«, sprach der Magister, »ich glaube gar, das ist ein Spottvogel?« Und damit nahm er einen Stein von der Erde auf, warf ihn nach dem Zeisig und traf den armen Vogel, daß er, zum Tode verstummt, von dem grünen Zweige herabfiel.

Nun konnte Felix sich gar nicht mehr halten. »Ei, du abscheulicher Herr Magister Tinte«, rief er ganz erbost, »was hat dir der arme Vogel getan, daß du ihn tot schmeißest? – Oh, wo bist du denn, du holdes fremdes Kind, oh, komm doch nur, laß uns weit, weit fortfliegen, ich mag nicht mehr bei dem garstigen Menschen sein; ich will fort nach deiner Heimat!« – Und mit vollem Schluchzen und Weinen stimmte Christlieb ein: »O du liebes, holdes Kind, komm doch mir, komm doch nur zu uns! Ach! Ach! Rette uns – rette uns, der Herr Magister Tinte macht uns ja tot wie die Blumen und Vögel!« –

»Was ist das mit dem fremden Kinde?«, rief der Magister. Aber in dem Augenblick säuselte es stärker im Gebüsch, und in dem Säuseln erklangen wehmütige, herzzerschneidende Töne, wie von dumpfen, in weiter Ferne angeschlagenen Glocken. – In einem leuchtenden Gewölk, das sich herabließ, wurde das holde Antlitz des fremden Kindes sichtbar – dann schwebte es ganz hervor, aber es rang die kleinen Händchen, und Tränen rannen wie glänzende Perlen aus den holden Augen über die rosichten Wangen. »Ach«, jammerte das fremde Kind, »ach, ihr lieben Gespielen, ich kann nicht mehr zu euch kommen – ihr werdet mich nicht wiedersehen – lebt wohl! lebt wohl! Der Gnome Pepser hat sich eurer bemächtigt, o ihr armen Kinder, lebt wohl – lebt wohl!« Und damit schwang sich das fremde Kind hoch in die Lüfte. Aber hinter den Kindern brummte und summte und knarrte und schnarrte es auf entsetzliche, grausige Weise. Der Magister Tinte hatte sich umgestaltet in eine große, scheußliche Fliege, und recht abscheulich war es, daß er dabei doch noch ein menschliches Gesicht und sogar noch einige Kleidungsstücke behalten. Er schwebte langsam und schwerfällig auf, offenbar, um das fremde Kind zu verfolgen.

Von Entsetzen und Graus erfaßt, rannten Felix und Christlieb fort aus dem Walde. Erst auf der Wiese wagten sie emporzuschauen. Sie wurden einen glänzenden Punkt in den Wolken gewahr, der wie ein Stern funkelte und herabzuschweben schien. »Das ist das fremde Kind«, rief Christlieb. Immer größer wurde der Stern, und dabei hörten sie ein Klingen wie von schmetternden Trompeten. Bald konnten sie nun erkennen, daß der Stern ein schöner, in gleißendem Goldgefieder prangender Vogel war, der, die mächtigen Flügel schüttelnd und laut singend, sich auf den Wald herabsenkte.

»Ha«, schrie Felix, »das ist der Fasanenfürst, der beißt den Herrn Magister Tinte tot – ha, ha, das fremde Kind ist geborgen, und wir sind es auch! – Komm, Christlieb – schnell laß uns nach Hause laufen und dem Papa erzählen, was sich zugetragen.«

Der Herr von Brakel und die Frau von Brakel, beide saßen vor der Türe ihres kleinen Hauses und schauten in das Abendrot, das schon hinter den blauen Bergen in goldenen Strahlen aufzuschimmern begann. Vor ihnen stand auf einem kleinen Tisch das Abendessen aufgetragen, das aus nichts anderem als einem tüchtigen Napf voll herrlicher Milch und einer Schüssel mit Butterbroten bestand. »Ich weiß nicht«, fing Herr von Brakel an, »ich weiß nicht, wo der Magister Tinte so lange mit den Kindern ausbleibt. Erst hat er sich gesperrt und durchaus nicht in den Wald gehen wollen, und jetzt kommt er gar nicht wieder heraus. Überhaupt ist das ein ganz wunderlicher Mann, der Herr Magister Tinte, und es ist mir beinahe so, als sei es besser gewesen, er wäre ganz davongeblieben.« Der Herr von Brakel wollte fortfahren im Gespräch, als Felix und Christlieb in vollem Rennen durch die Birken kamen. »Heisa! – heisa!«, schrie Felix unaufhörlich, »heisa, heisa! der Fasanenfürst hat den Herrn Magister Tinte tot gebissen!« – »Ach – ach, Mama«, rief Christlieb atemlos, »ach! – der Herr Magister Tinte ist kein Herr Magister, das ist der Gnomenkönig Pepser, eigentlich aber eine abscheuliche, große Fliege, die eine Perücke trägt und Schuhe und Strümpfe.«

»Schweig«, rief der Herr von Brakel ganz erzürnt, »mag der Herr Magister Tinte sein, was er will, aber so viel ist gewiß, daß der Fasanenfürst ihn nicht tot gebissen hat. Denn dort kommt er eben aus dem Walde!« Auf dieses Wort schrien die Kinder laut auf und flüchteten ins Haus hinein. In der Tat kam der Magister Tinte den Birkengang herauf, aber ganz verwildert, mit funkelnden Augen, zerzauster Perücke, im abscheulichen Sumsen und Brummen sprang er von einer Seite zur anderen hoch und prallte mit dem Kopf gegen die Bäume an, daß man es krachen hörte. So herangekommen, stürzte er sich sofort in den Napf, daß die Milch überströmte, die er einschlürfte mit widrigem Rauschen.

»Aber um tausend Gottes willen, Herr Magister Tinte, was treiben Sie?«, rief die Frau von Brakel.

»Sind Sie toll geworden, Herr Magister. Plagt Sie der böse Feind?«, schrie der Herr von Brakel. Aber alles nicht achtend, schwang sich der Magister aus dem Milchnapf, setzte sich auf die Butterbröte hin, schüttelte die Rockschöße und wußte mit den dünnen Beinchen geschickt darüber hinzufahren und sie glatt zu streichen und zu fälteln. Dann stärker summend, schwang er sich gegen die Türe, aber er konnte nicht hineinfinden ins Haus, sondern schwankte wie betrunken hin und her und schlug gegen die Fenster an, dass es klirrte und schwirrte.

»Ha, Patron«, rief der Herr von Brakel, »das sind dumme, unnütze Streiche, wart', das soll dir übel bekommen.« Er suchte den Magister bei dem Rockschoß zu haschen, der wußte ihm aber geschickt zu entgehen.

Da sprang Felix aus dem Hause mit der großen Fliegenklatsche in der Hand, die er dem Vater gab. »Nimm, Vater«, riet er, »schlagt ihn tot, den häßlichen Pepser.« Der Herr von Brakel ergriff auch wirklich die Fliegenklatsche, und nun ging es her hinter dem Herrn Magister.

Felix, Christlieb, die Frau von Brakel hatten die Servietten vom Tische genommen und schwangen sie, den Magister hin- und hertreibend, in den Lüften, während der Herr von Brakel unaufhörlich Schläge gegen ihn führte, die leider nicht trafen, weil der Magister sich hütete, auch nur einen Augenblick zu ruhen. Und wilder und wilder wurde die tolle Jagd – Summ – Summ – Simm – Simm – Trrr – stürmte der Magister auf und nieder und – Klipp – Klapp fielen hageldichter des Herrn von Brakels Schläge, und huß – huß – hetzten Felix, Christlieb und die Frau von Brakel den Feind. Endlich gelang es dem Herrn von Brakel, den Magister im Rockschoß zu treffen. Ächzend stürzte er zu Boden; aber in dem Augenblick, daß der Herr von Brakel ihn mit einem zweiten Schlage treffen wollte, schwang er sich mit erneuter doppelter Kraft in die Höhe, stürmte sausend und brausend nach den Birken hin und ließ sich nicht wieder sehen.

»Gut, daß wir den fatalen Herrn Magister Tinte los sind«, sprach der Herr von Brakel, »über meine Schwelle soll er nicht wieder kommen.« – »Nein, das soll er nicht«, fiel die Frau von Brakel ein, »Hofmeister mit solchen abscheulichen Sitten können nur Unheil stiften, da, wo sie Gutes wirken sollen. Prahlt mit den Wissenschaften und springt in den Milchnapf! Das nenne ich mir einen schönen Magister.« – Aber die Kinder jauchzten und jubelten und riefen: »Heisa – Papa hat dem Herrn Magister Tinte mit der Fliegenklatsche eins auf die Nase versetzt, und da hat er Reißaus genommen! – Heisa – heisa!«

»Ich weiß nicht«, sprach der Herr Thaddäus von Brakel eines Tages zu der Frau von Brakel, »ich weiß nicht, wie mir seit einigen Tagen so seltsam und wunderlich zumute ist. Beinahe möchte ich glauben, daß der böse Magister Tinte mir es angetan hat, denn seit dem Augenblick, als ich ihm eins mit der Fliegenklatsche versetzte und ihn forttrieb, liegt es mir in allen Gliedern wie Blei.« In der Tat wurde auch der Herr von Brakel mit jedem Tage matter und blässer. Er durchstrich nicht mehr wie sonst die Flur, er polterte und wirtschaftete nicht mehr im Hause umher, sondern saß stundenlang in tiefe Gedanken versenkt, und dann ließ er sich von Felix und Christlich erzählen, wie es sich mit dem fremden Kinde begeben. Sprachen sie denn nun recht mit vollem Eifer von den herrlichen Wundern des fremden Kindes, von dem prächtigen glänzenden Reiche, wo es zu Hause, dann lächelte er wehmütig, und die Tränen traten ihm in die Augen.

Darüber konnten sich Felix und Christlieb aber gar nicht zufrieden geben, daß das fremde Kind nun davon bleibe und sie der Quälerei der häßlichen Puppen im Gebüsch und im Ententeiche bloßstelle, weshalb sie gar nicht mehr sich in den Wald wagen mochten. »Kommt, meine Kinder, wir wollen zusammen in den Wald gehen, die bösen Zöglinge des Herrn Magister Tinte sollen euch keinen Schaden tun!« So sprach an einem schönen hellen Morgen der Herr von Brakel zu Felix und Christlieb, nahm sie bei der Hand und ging mit ihnen in den Wald, der heute mehr als jemals voller Glanz, Wohlgeruch und Gesang war.

Als sie sich ins weiche Gras unter duftenden Blumen gelagert hatten, fing der Herr von Brakel in folgender Art an: »Ihr lieben Kinder, es liegt mir recht am Herzen, und ich kann es nun gar nicht mehr aufschieben euch zu sagen, daß ich ebenso gut wie ihr das holde fremde Kind, das euch hier im Walde so viel Herrliches schauen ließ, kannte. Als ich so alt war wie ihr, hat es mich so wie euch besucht und die wunderbarsten Spiele gespielt. Wie es mich dann verlassen hat, darauf kann ich mich gar nicht besinnen, und es ist mir ganz unerklärlich, wie ich das holde Kind so ganz und gar vergessen konnte, daß ich, als ihr mir von seiner Erscheinung erzähltet, gar nicht daran glaubte, wiewohl ich oftmals die Wahrheit davon leise ahnte. Seit einigen Tagen gedenke ich aber so lebhaft meiner schönen Jugendzeit, wie ich es seit vielen Jahren gar nicht vermochte. Da ist denn auch das holde Zauberkind so glänzend und herrlich, wie ihr es geschaut habt, mir in den Sinn gekommen, und dieselbe Sehnsucht, von der ihr ergriffen, erfüllt meine Brust, aber sie wird mir das Herz zerreißen! Ich fühl' es, daß ich zum letzten Mal hier unter diesen schönen Bäumen und Büschen sitze, ich werde euch bald verlassen, ihr Kinder! Haltet, wenn ich tot bin, nur recht fest an dem holden Kinde!«

Felix und Christlieb waren außer sich vor Schmerz, sie weinten und jammerten und riefen laut: »Nein, Vater – nein, Vater, du wirst nicht sterben, du wirst nicht sterben, du wirst noch lange, lange bei uns bleiben und so wie wir mit dem fremden Kinde spielen!« – Aber Tages darauf lag der Herr von Brakel schon krank im Bette. Es erschien ein langer hagerer Mann, der dem Herrn von Brakel all den Puls fühlte und darauf sprach: »Das wird sich geben!« Es gab sich aber nicht, sondern der Herr von Brakel war am dritten Tage tot.

Ach, wie jammerte die Frau von Brakel, wie rangen die Kinder die Hände, wie schrien sie laut: »Ach, unser Vater – unser lieber Vater!« – Bald darauf, als die vier Bauern von Brakelheim ihren Herrn zu Grabe getragen hatten, erschienen ein paar häßliche Männer im Hause, die beinahe aussahen wie der Magister Tinte. Die erklärten der Frau von Brakel, daß sie das ganze Gütchen und alles im Hause in Beschlag nehmen müßten, weil der verstorbene Herr Thaddäus von Brakel das alles und noch viel mehr dem Herrn Grafen Cyprianus von Brakel schuldig geworden sei, der nun das Seinige zurückverlange.

So war denn nun die Frau von Brakel bettelarm geworden und mußte das schöne Dörfchen Brakelheim verlassen. Sie wollte zu einem Verwandten hin, der nicht fern wohnte, und schnürte daher ein kleines Bündelchen mit der wenigen Wäsche und den geringen Kleidungsstücken, die man ihr gelassen, Felix und Christlieb mußten ein Gleiches tun, und so zogen sie unter vielen Tränen fort aus dem Hause.

Schon hörten sie das ungestüme Rauschen des Waldstroms, über dessen Brücke sie wollten, als die Frau von Brakel vor bitterm Schmerz ohnmächtig zu Boden sank. Da fielen Felix und Christlieb auf die Knie nieder und schluchzten und jammerten: »O wir armen unglücklichen Kinder! Nimmt sich denn keiner, keiner sich unsers Elends an?« In dem Augenblick war es, als werde das ferne Rauschen des Waldstroms zu lieblicher Musik, das Gebüsch rührte sich in ahnungsvollem Säuseln – und bald strahlte der ganze Wald in wunderbarem, funkelndem Feuer.

Das fremde Kind trat aus dem süß duftenden Laube hervor, aber von solchem blendenden Glanz umflossen, daß Felix und Christlieb die Augen schließen mußten. Da fühlten sie sich sanft berührt, und des fremden Kindes holde Stimme sprach: »Oh, klagt nicht so, ihr meine lieben Gespielen! Lieb' ich euch denn nicht mehr? Kann ich euch denn wohl verlassen? Nein! Seht ihr mich auch nicht mit leiblichen Augen, so umschwebe ich euch doch beständig und helfe euch mit meiner Macht, daß ihr froh und glücklich werden sollet immerdar. Behaltet mich nur treu im Herzen, wie ihr es bis jetzt getan, dann vermag der böse Pepser und kein anderer Widersacher etwas über euch! – Liebt mich nur stets recht treulich!« – »Oh, das wollen wir, das wollen wir!«, riefen Felix und Christlieb, »wir lieben dich ja mit ganzer Seele.«

Als sie die Augen wieder aufzuschlagen vermochten, war das fremde Kind verschwunden, aber aller Schmerz war von ihnen gewichen, und sie empfanden die Wonne des Himmels, die in ihrem Innersten aufgegangen. Die Frau von Brakel richtete sich nun auch langsam empor und sprach: »Kinder, ich habe euch im Traum gesehen, wie ihr in lauter funkelndem Golde standet, und dieser Anblick hat mich auf wunderbare Weise erfreut und getröstet.«

Das Entzücken strahlte in der Kinder Augen, glänzte auf ihren hochroten Wangen. Sie erzählten, wie eben das fremde Kind bei ihnen gewesen sei und sie getröstet habe; da sprach die Mutter: »Ich weiß nicht, warum ich heute an euer Märchen glauben muß, und warum dabei so aller Schmerz, alle Sorgen von mir weichen. Laßt uns nun getrost weitergehen.«

Sie wurden von dem Verwandten freundlich aufgenommen; dann kam es, wie das fremde Kind es verheißen. Alles, was Felix und Christlieb unternahmen, geriet so überaus wohl, daß sie samt ihrer Mutter froh und glücklich wurden, und noch in später Zeit spielten sie in süßen Träumen mit dem fremden Kinde, das nicht aufhörte, ihnen die lieblichsten Wunder seiner Heimat mitzubringen.

E. T. A. Hoffmann

Heute noch

MANFRED HAUSMANN

NICHTS PASSTE ZUEINANDER: weder das Lila der Kreuzstreifen zum Dunkelblau des Mantels noch der funkelnagelneue braune Hut zu dem ebenso neuen giftgrünen Wollschal, weder die schwarzen Schuhe mit den Kreppsohlen zu den sandfarbenen Hosenbeinen noch alles miteinander zu dem jungen Mann, der sich in Bremen kurz nach zwanzig Uhr aus dem von Bremerhaven kommenden Zug schwang. Er setzte, während ein eisiger Windstoß einen Wirbel flimmernder Kristalle durch die Neondämmerung der hohen Bahnhofshalle trieb, seinen Koffer auf eine Bank, um den Mantel, den er nur mit dem untersten Knopf geschlossen hatte, zurechtzurücken und vollends zuzuknöpfen. Den grünen Schal ließ er nach wie vor lose vom Nacken herunterhängen.

Im Lautsprecher gab eine überdeutliche Frauenstimme den wenigen Reisenden, die der Treppe zustrebten, die nächsten Anschlüsse bekannt: »Eilzug nach Emden-Süd über Oldenburg-Ocholt-Leer, Abfahrt zwanzig Uhr sieben von Gleis zwo. Übergangsreisende wollen sich bitte beeilen. – Nord-Expreß nach Paris über Osnabrück-Essen-Köln-Aachen-Lüttich, Abfahrt zwanzig Uhr achtunddreißig von Gleis sieben. – Triebwagen nach Bremen-Vegesack, Abfahrt ...«

Gleis sieben gehörte, wie der junge Mann im Weitergehen feststellte, zum Nachbarbahnsteig. Er stellte ferner fest, daß in dem Erfrischungshäuschen, das dort drüben aus Klinkersteinen erbaut war, eine Verkäuferin mit einem weißen Häubchen auf dem dunklen Haar das Schiebefenster öffnete und einen Kunden bediente. Nachdenklich schob er seine Zunge unter der Oberlippe hin und her, warf einen Blick auf die Uhr, deren großer Zeiger eben von der vierten auf die fünfte Minute sprang, und sah abermals nach dem Erfrischungshäuschen hinüber. Dann begab er sich durch die Unterführung auf den anderen Bahnsteig. Eine neue Wolke von Eiskristallen fegte über die Gleise. Außer dem Kunden vor dem Erfrischungshäuschen, einem Eisenbahner mit Mantel und Kappe, war niemand anwesend. Beim Näherkommen hörte der junge Mann, wie die Verkäuferin rief, sie habe es jetzt aber satt, Herrgott und alle Welt noch einmal! »Gehen Sie doch endlich Ihres Weges, und lassen Sie mich in Ruhe!« Sie riß das Schiebefenster herunter, daß es nur so knallte. Hätte der Eisenbahner seine Hand nicht schnell zurückgezogen, wäre sie zerquetscht worden.

»Die mag es ja tun«, lachte der junge Mann. Aber der Eisenbahner beachtete ihn nicht, sondern drückte sein gelbliches Gesicht an die Scheibe und starrte in den Seitenraum, wo sich die Verkäuferin neben einem kleinen Herd niederließ und eine Illustrierte zur Hand nahm. Nachdem er seine Lippen einmal und noch einmal aufgeblasen hatte, klopfte er mit Entschiedenheit an die Scheibe.

Die Verkäuferin rührte sich nicht.

»Schlechter Kundendienst in diesem Land«, sagte der junge Mann. Er ging um das Häuschen herum und vollführte mit seinen Fingern einen leisen Trommelwirbel auf dem anderen Fenster. Nach einem verstohlenen Aufblick kam die Verkäuferin herbei und schob das Fenster hoch: »Bitte?« Eine weiche Linie schwang sich von ihrem Ohr bis zum festen Kinn, das ein wenig vorgerückt war. Dadurch erhielt der Mund etwas Trotziges und das ganze Gesicht etwas Verwirrendes, fast Wildes. Die düsterblauen Augen und die Falte auf der Nasenwurzel verstärkten das Verwirrende noch. Als sie ihn ansah, mußte der junge Mann erst einmal die Hand hinten auf seinen Hals legen und den Kopf hin und her drehen. »Guten Abend«, sagte er. »Mit dem Herrn da drüben haben Sie wohl nicht viel im Sinn?«

»Nein, gar nichts.«

»Das ist wenig. Haha. Soll ich mal einen Grog haben?«

»Von Rum?«

»Von doppeltem Rum. Ah, bei Ihnen ist es aber hübsch warm!« Er streckte seine Hand aus und befühlte die Luft, die um sie herum war. Dabei versuchte er, ihr Gesicht zu berühren: »Und hier ist es noch wärmer. Verzeihung!«

»Nicht frech werden!« Ohne das Einschenken zu unterbrechen, wehrte sie seine Hand mit dem Ellbogen ab. »Ich mag keine frechen Männer.«

»Das müßten meine Kumpels mal hören! Die sagen immer, Norre, sagen die, wenn du so beibleibst mit deiner Schüchternheit, dann kriegst du nie im Leben eine Braut. – Und wahrhaftig, es ist mir auch noch nicht gelungen, eine zu kriegen.«

»Wer's glaubt!«

»Nee, wirklich. Die guten Menschen werden immer verkannt im Leben.«

»Wie heißen Sie übrigens? Norre?«

»Das fragen Sie mal! Ich bin auf den Namen Norbert getauft. Man sollte es nicht glauben. Norbert Schmitt, mit zwei T. Aber meine Kumpels rufen mich Norre. Klingt schon besser, finde ich. Oder sind Sie mehr für Norbert?«

Sie holte den Kessel vom Herd, goß heißes Wasser in das Grogglas und tat einen Strohhalm hinein, mit dem sie das Gemisch ein paar Mal umrührte. »Ihre Eltern haben einen vornehmen Geschmack bewiesen. – Zum Wohl! – Norbert ist ein vornehmer Name.«

»Mein Vater lebt nicht mehr.« Er hob ihr das Glas entgegen: »Auf Ihr Wohl! Wie war Ihr werter Name doch gleich?«

»Tut nichts zur Sache«, sagte sie.

»Wenn ich Sie mit meinem Namen bekannt gemacht habe, können Sie mir Ihren doch auch anvertrauen.«

»Soll ich mich etwa jedem vorstellen, der hier ein Glas Grog verlangt?«

»Ich bin ja auch nicht jeder, ich bin Norre Schmitt. Oder wollen Sie das abstreiten?«

»Nein, nein.«

»Infolgedessen müssen Sie mir auch Ihren werten Namen gestehen.«

»Gestehen ist gut. Ich heiße Schröder. Und was nun?«

»Und nun muß ich noch wissen, wie Sie vorn heißen.«

»Erna.«

»Auf Ihr schönstes Wohl, Fräulein Erna!«

»Danke. – Was ich übrigens sagen wollte ...« Sie dämpfte ihre Stimme und wies mit dem Kopf nach hinten: »Ist er noch da?«

Norre spähte mit krauser Stirn an ihr vorbei: »Er glotzt immer noch durch die Scheibe wie ein Fisch durchs Aquarium. Was ist das denn für einer?«

»Ich werde nicht klug aus ihm.«

Sie machte mit dem rechten Arm eine heranholende Bewegung und beugte sich vor. Ihr Haar streifte einen Augenblick seine Schläfe. »Jeden Monat fährt er zweimal oder dreimal in Richtung Osnabrück. Mit diesem Zug zwanzig Uhr achtunddreißig. Und dann kommt er meist schon eine halbe Stunde eher und redet mit mir.«

»Und was will er von Ihnen?«

»Och, der ist ja verrückt.« Sie stieß halb unwillig, halb selbstgefällig den Atem durch die Nase. »Was der sich denkt!«

Norre rührte mit dem Strohhalm in seinem Glas herum und trank es aus. »Bißchen verrückt bin ich aber auch«, sagte er mit einem jungenhaften Lächeln. »Noch einen, bitte! Erst doppelt und dann noch einen Daumen breit mehr. Verdammt kalt heute!« Er blies gegen seine Hände und lächelte sie mit den Augen an: »Bißchen verrückt bin ich auch. Müssen Sie mir schon erlauben.«

»Manche Menschen ziehen bei so einer Kälte Handschuhe an.« Sie griff nach der Flasche. »Im Radio haben sie gesagt, wir kriegten heute Nacht über fünfzehn Grad.«

MANFRED HAUSMANN

»Handschuhe? Mensch, Erna, wo sind meine Handschuhe?« Er suchte in seinen Manteltaschen herum.

»Tjajaja.«

»Habe ich natürlich im Zug liegen lassen. Na, Glück auf die Reise! Wozu gibt es Handschuhläden in der Welt? Vergessen Sie meinen Grog nicht!«

»Sie scheinen ja eine dicke Brieftasche zu haben.«

»Habe ich. – Geben Sie ruhig noch einen Schuß zu, weil ich es bin! So. Was kommt nun? Zucker. So. Und heißes Wasser. Nicht so viel! So.« Seine Hände umschlossen das Glas und führten es an seinen Mund: »Prost, Erna!«

»Prost, Seemann!«

Er unterbrach seinen Schluck. »Woher wissen Sie, daß ich zur See fahre?«

»Wenn der Hut eine halbe Nummer zu klein ist und der Mantel zwei Nummern zu groß, dann kann es sich nur um einen Seemann handeln, der sich landfein gemacht hat. Man muß direkt Mitleid mit euch haben.«

»Sie sind ja ein kluges Mädchen. Prost, kluges Mädchen!«

»Prost, armer Seemann!«

»Und nun fangen Sie mal ein bißchen mit dem Mitleid an!«

Wieder machte sie diese Bewegung des Heranholens: »Wissen Sie, an anderen Tagen kann er hier herumstehen, so viel er will, da stört es mich nicht. Sind ja Menschen genug in der Nähe. Na, es stört mich schon. Aber vorhin, als sich weit und breit keine Seele blicken ließ, bin ich beinahe gestorben vor Angst. Ich war richtig froh, als Sie plötzlich auftauchten,«

»Und was geben Sie mir dafür?«

»Ein Pfefferminzplätzchen.«

»Denn ich kann ja auch wieder weggehen.«

»So sind die Männer: immer gleich erpressen.«

»Ich bin nämlich auch ein bißchen verrückt.«

»Aber nicht so wie der. Der hat so etwas ... Manchmal denke ich, er lauert nur darauf, daß er mir an die Kehle gehen kann. Sie müßten mal erleben, wie er mich ansieht, wenn er mit mir spricht, so von ganz nahem. Die Augen liegen ja so tief in seinem Kopf, wie bei einem Untier. Haben Sie den Film ›Der Mann aus Zelle siebenundzwanzig‹ gesehen?«

»Nee.«

»Sie interessieren sich wohl nur für Schundfilme? Jedenfalls kommt darin einer vor, der auch solche Augen hat. Der Bauch kann sich einem zusammenziehen vor Unheimlichkeit. – Ist er noch da? Ich mag mich gar nicht umdrehen. Wie benimmt er sich denn jetzt?«

»Er kaut auf seinem Gummi herum und glotzt durch die Scheibe.«

»Nein, er kaut nicht, er mahlt nur mit seinem Unterkiefer. Das macht er immer so. Er steht da und sieht mich an und mahlt mit seinem Unterkiefer. Muß man sich das eigentlich gefallen lassen?«

»Wetten, daß er dann weggeht?«

»Wann?«

»Wenn Sie mir zum Beispiel einen Kuß geben.«

»Haben Sie eine Ahnung! Dann bringt er Sie um. Auf der Stelle. Sie und mich.«

»Wir könnten es ja mal versuchen.«

»Erzählen Sie mir lieber, was Sie so darstellen an Bord.«

»Ich bin Motorenwärter.«

»Was für ein Schiff?«

»›Katharina Wisser‹! Hat gestern nacht Grundberührung gehabt bei der Ausreise zwischen Robbensüdsteert und Wremer Loch. Die Brücke behauptet, ›Kathrinchen‹ sei aus dem Ruder gelaufen. Als ob die Brücke schon jemals schuld gehabt hätte! ›Kathrinchen‹ muß also ins Dock, und Norre Schmitt kann nach Lünen zu seiner Mutter fahren. Raten Sie mal, was ich ihr mitbringe?«

»Kleinen Walfisch.«

Manfred Hausmann

»Aber eine Handtasche aus echt ägyptischem Krokodil, in Port Said gekauft. Mit einem echten Portemonnaie drin.«

»Lünen? Wo liegt eigentlich Lünen?«

»Zwischen Münster und Dortmund. Eine großartige Stadt. Da haben sie neuerdings ein Rathaus gebaut, das höher emporragt als die Georgskirche.«

»Wissen Sie denn überhaupt, was das ist, eine Kirche?«

»Ich glaube, das ist so ein Ding mit einem Turm dran.«

»So habe ich es mir gedacht. Natürlich haben Sie auch keine Ahnung, welches Datum wir heute schreiben.«

»Den vierundzwanzigsten Dezember, bitte sehr.«

»Und was ist das für ein Tag?«

»Donnerstag.«

»Sie sind ein alter Heide.«

»Schön und gut, aber das hat ja alles nichts mit unserer Abmachung zu tun.«

»Abmachung?«

»Daß Sie mir ... daß Sie mir was geben wollten.«

»Zwei Grogs, und schon betrunken.«

»Rein sachlich, Erna, nicht von wegen Liebe, sondern von wegen dem Untier. – Erna?«

»Wenn Sie von Lünen zurückkommen, sprechen wir noch einmal darüber.«

»Und jetzt nicht?«

Es dauerte ein paar Sekunden, ehe sie den Kopf schüttelte.

»Tja, Erna, dann muß ich hier mal eben zur Pfändung schreiten.«

Bevor sie begriff, was er damit meinte, hatte er schon vier, fünf Schokoladentafeln und zwei Pralinenpackungen an sich gerafft und war einen Schritt zurückgetreten.

»Geben Sie sofort die Sachen wieder her!«, rief sie.

»Selbstverständlich.«

»Hören Sie, da verstehe ich keinen Spaß! Sofort!«

»Nur eben mal den Preis feststellen.«

Er hielt die größere Schachtel ins Licht und tat so, als bemühe er sich, das Preiszettelchen zu entziffern. »Oh, die ist aber teuer!« Seine Augen sahen mit besorgtem Ausdruck zu ihr hinüber. »Hoffentlich können Sie den Betrag auch aufbringen: Sieben!«

»Sie sollen die Sachen hergeben!«

»Sieben.«

»Sonst rufe ich die Bahnpolizei.«

»Erst die Bezahlung, dann die Ware.«

Er drückte die geraubten Tafeln und Schachteln links gegen seine Brust, näherte sich mit der rechten Schulter dem Fenster und neigte ihr sein Gesicht entgegen. »Sechs tun es auch.« Aber als sie die Hände nach den Packungen ausstreckte, wich er zurück. Dann kam sein Gesicht wieder näher und wich abermals zurück. Beim dritten Male schlug sie zu. Der braune Hut flog auf den Bahnsteig.

Erschrocken legte sie den linken Handrücken vor ihren Mund und starrte Norre mit dunklen Augen an.

»Hier«, sagte er in verändertem Tonfall und reichte ihr mit einer schlaffen Bewegung die Pralinenschachtel.

Da zog sie ihn hastig zu sich her, küßte ihn und stieß ihn wieder von sich.

Die Tafeln und Schachteln rutschten weg. Vergeblich bemühte er sich, sie festzuhalten, indem er seinen Körper gegen das Fensterbrett stemmte. Eine nach der anderen fiel hinab. Einen Augenblick gewahrte er das gelbliche Gesicht hinter der gegenüberliegenden Scheibe, die dunklen Augenhöhlen, den mahlenden Unterkiefer. Dann entfernte es sich und verging.

»Ich wollte Ihnen aber nicht weh tun«, sagte Erna.

»Hast du auch nicht, überhaupt nicht.« Er bückte sich nach seinem Hut, stülpte ihn auf den Hinterkopf und las die heruntergefallenen Dinge zusammen. Während er mit ungeschickten Händen versuchte, sie so wieder aufzubauen, wie sie gestanden hatten, nahm sie ihm den Hut ab und bürstete ihn mit dem Ärmel ihrer Strickjacke sauber.

Norre bedankte sich und sagte, jetzt habe er keine Lust mehr, nach Lünen zu reisen.

»Das will ich nicht noch einmal hören!« Ihr Zeigefinger fuhr drohend auf ihn zu. »Sie werden hübsch Ihre Mutter besuchen. Und wenn ich Sie eigenhändig in Ihr Abteil schubsen müßte.«

Im Lautsprecher rauschte und knackte es. Die Frauenstimme verkündete, der Nord-Expreß von Kopenhagen nach Paris, planmäßige Ankunft zwanzig Uhr fünfunddreißig, Abfahrt zwanzig Uhr achtunddreißig, habe Einfahrt auf Gleis sieben. »Der Zug fährt ohne Halt bis Osnabrück.«

»Gut.« Er legte seine Hand auf den drohenden Finger und drückte ihn hinunter. »Aber dann mußt du auch mit mir ausgehen, wenn ich zurückkomme.«

Ein Gepäckträger stellte zwei schweinslederne Koffer und einen karierten Campingbeutel auf den Bahnsteig und winkte nach der Treppe hinüber, auf der ein Herr mit einer weißen Lammfellmütze sichtbar wurde.

»Hoffentlich denken Sie nichts Falsches von mir«, sagte Erna. »Ich habe auch das ... das andere nicht gewollt. Das eine nicht und das andere nicht. Es kam nur so aus Erschrockenheit.«

»War trotzdem schön. Heute ist Donnerstag. Morgen nicht und übermorgen nicht. Aber dann, Sonntag.«

»O Gott«, flüsterte sie. »Da ist er ja wieder.« Der Eisenbahner kam um die Ecke des Erfrischungshäuschens, den Blick auf den Boden gerichtet und blieb neben Norre stehen.

»Dieser Platz ist besetzt«, sagte Norre und stieß ihn weg.

Mit kauendem Munde ging der Eisenbahner um ihn herum und stellte sich auf die andere Seite.

»Gleichfalls besetzt.« Diesmal fiel Norres Stoß schon bedeutendkräftiger aus. Der Eisenbahner taumelte, auf einem Bein hüpfend, zur

Seite, fing sich und stellte sich wieder dorthin, wo er zuerst gestanden hatte.

»Einen Korn«, sagte er und sah Norre an.

»Jetzt paß mal auf!«

Norre faßte ihn mit der Linken vor die Brust, riß ihn zu sich her, stieß ihn von sich weg und riß ihn abermals heran. Beim zweiten Heranreißen wischte seine Rechte an dem kauenden Kinn entlang. Der Kopf flog nach links herum. »Wenn du dieser Dame noch ein einziges Mal lästig fällst«, die Kehrseite von Norres Faust streifte, zurückkommend, das Kinn von links, so daß der Kopf in die entgegengesetzte Richtung zuckte, »dann falle ich dir so lange lästig, bis du nur noch einen Pfannkuchen als Gesicht hast. Und nun setz dich da hin und putz dir die Nase!«

Mit ausgestrecktem Arm schob er den Eisenbahner, der sich kaum wehrte, vor sich her und drückte ihn auf einen eisernen Papierkorb.

»Und das am Heiligen Abend«, sagte Erna.

»Er kann sich den Heiligen Abend an den Hut stecken.«

»Sie werden ihm doch nichts gebrochen haben?«

»Nee, der hat Gummiknochen. Merkt man gleich. Der Korn kommt mir gerade recht. Auf nächsten Sonntag, Erna!«

Es sah so aus, als habe der Eisenbahner seine Absicht noch nicht aufgegeben. Er erhob sich, tappte auf die beiden zu, machte dann aber einen Bogen und ging weiter.

»Er weiß Bescheid«, sagte Erna. »Am Ende des Zuges läuft ein dänischer Wagen, der immer leer ist. Na, heute gibt es überall Platz. Da kommt der Zug.«

Ein Lichterdreieck tauchte in der Dunkelheit auf, schwenkte zur Seite und schwebte nach Gleis sieben herüber. Langsam wuchtete die rote Diesellokomotive mit dem schwarzen Keil auf dem Bug in die Halle. Das unbewegte Gesicht des Lokomotivführers hoch oben hinter dem schrägen Fensterchen glitt vorüber. Irgendwo schrie eine Bremse auf. Der Zug stand.

MANFRED HAUSMANN

»Bin gleich wieder da«, sagte Norre. Er stieg in den ersten besten Wagen.

Erna sah, wie er den Gang entlang eilte, eine Abteiltür öffnete, den Koffer ins Netz warf und Hut und Mantel ablegte.

»Behalten Sie doch um Himmelswillen Ihren Mantel an!«, rief sie. »Anbehalten!«

Aber er sprang schon aus dem Zug und war mit drei Sätzen wieder bei ihr.

»Bezahlen muß ich ja auch noch. Und dann kriege ich doch noch was zum Abschied. Du?«

»Drei Grogs, nein, zwei nur, zwei große Grogs macht ...«

»Weil ich so brav nach Lünen fahre.«

Sie erhob ihre Stimme etwas: »Macht zweisechzig. Ein Korn dreißig. Und das ist schon alles.«

»Erna?«

»Zweineunzig zusammen.«

Er holte ein Fünfmarkstück aus seiner Rocktasche.

»Die Groschen laß nur! – Erna?«

»Einsteigen, bitte!«, rief der Schaffner. Fast im gleichen Atemzug forderte auch die Stimme im Lautsprecher dazu auf.

»Komm!«, drängte Norre.

»Soweit sind wir noch nicht. Da ist Ihr Geld.«

»Dann warte ich hier, bis wir soweit sind.«

Er setzte seinen Ellbogen auf das Fensterbrett und stützte, in der Hüfte einknickend, sein Kinn auf den Handteller, als habe er beliebig viel Zeit.

»Und Ihre Sachen?«, sagte Erna.

»Können meinethalben nach Paris reisen.«

Am Kopf des Bahnsteigs ertönte die Trillerpfeife des Fahrdienstleiters.

»Wollen Sie noch mit?«, fragte der Schaffner. Norres Hand winkte gleichmütig ab.

Erna sagte, er sei ein ganz schlechter Mensch.

»Du etwa nicht?« Sein aufgestütztes Gesicht sah lächelnd zu ihr empor: »Aber ich mag dich trotzdem leiden.«

Lautlos begann der Zug sich zu bewegen.

»Weg!« Sie stieß seinen Arm vom Fensterbrett herunter. Norre richtete sich auf: »Erst ... Du weißt ja.«

»Jetzt nicht. Aber Sonntag ... vielleicht.«

Ein dunkelblauer Schlafwagen, dessen Fenster halb zugefroren waren, rollte vorüber, noch einer, ziemlich schnell schon, und noch einer.

»Auf ›vielleicht‹ kann ich mich nicht einlassen.«

»Also gut, also ja.«

Da begann Norre, mit seitlichen Sprüngen zu laufen, und rief, ob sie es auch ernst meine.

»Jaja. Ach, Sie kriegen ihn nicht mehr. – Nicht! Nicht!«

Der letzte Wagen dröhnte vorbei. Im Fenster der hinteren Tür zeichnete sich der Umriß des Eisenbahners ab.

»Zurückbleiben!« Der Fahrdienstleiter stellte sich Norre, der jetzt Ernst machte, mit ausgebreiteten Armen entgegen.

Aber Norre schlug einen Bogen und rannte mit hochgeworfenen Knien hinter den beiden Schlußlaternen her. Die aus dem Heizschlauch strömenden Dampffetzen glühten rot auf. Während er den Tritt, einen Metallrost, ins Auge faßte, der ein gutes Stück unter der Bahnsteigkante dahinglitt, nahm er schattenhaft wahr, daß der Eisenbahner sich aus dem Fenster beugte und wieder verschwand. Mit einer letzten Anstrengung gelang es ihm, die senkrechte Griffstange zu erfassen. Die Beschleunigung des Zuges zwang seine Beine zu einem wilden Wirbel. Dann sprang er, wenige Meter vor dem Ende des Bahnsteigs, auf den Tritt hinunter, der nur mit einem Viertel seiner Breite über die leicht gewölbte Seitenwand des Wagens hinausragte, und flog, hinten überhängend, mit dem Zuge dahin. Er wechselte den Griff, drehte sich um und winkte Erna zu. Als sie sah, daß ihm der

Sprung gelungen war, lehnte sie sich noch weiter aus ihrem Fenster heraus und erwiderte sein Winken mit schnellen Bewegungen.

Unter den Rädern entstand ein Gewirr von Schlägen, der Wagen wurde durch eine Weiche nach links und gleich darauf durch eine zweite noch einmal nach links geworfen. Norre mußte sich mit beiden Händen festhalten. Obwohl er nur noch die verkürzten Reihen der Bahnsteiglampen und die Dämmerung darunter erkennen konnte, winkte er wieder, bis sich ein abgestellter Zug dazwischenschob und den Bahnhof verdeckte.

»Junge, ist das eine Kälte!«, sagte er vor sich hin und drückte den Griff herunter, um einzusteigen. Aber die Tür bewegte sich nicht. Er drückte noch einmal. Umsonst. Er drückte und ruckte mit aller Kraft. Aber die Tür blieb so fest mit dem Wagen verbunden, als habe sie sich nie öffnen lassen.

Zugeschlossen, dachte er, das ist ja allerhand. Hat natürlich der Eisenbahner gemacht, dieser Hundesohn. Ja, hier unterm Griff ist das Loch mit dem Vierkant innen. Ich kann ihn mit meinem kleinen Finger fühlen. Er besitzt sicher einen Schlüssel. Und da hat er das Fenster geöffnet und von außen zugeschlossen. Sicher. Dieser Hundesohn! Oder war die Tür schon verschlossen, als der Zug einlief? Kann ja vorkommen. Soll nicht, aber kann. Jedenfalls hänge ich hier und kriege einen kalten Hintern. Und nun?

Der Zug, der schon eine beträchtliche Geschwindigkeit erreicht hatte, überquerte eine erleuchtete Straße. Die Schlußlichter eines Kraftwagens trieben nach rechts und vergingen. Wie ein unaufhörlich flatterndes Gedonner wetterte der Fahrtwind an Norres Ohren hin. Er war so schneidend, daß er im Nu durch die Kleidung drang. Als ob ich nackt sei, dachte Norre. Er schob seine Hand um die abgerundete Ecke des Wagens und betastete die Rückwand, stieß aber, soweit sein Arm reichte, nur auf glattes, kaltes Metall. Es bestand keine Möglichkeit, über die Puffer nach der gegenüberliegenden Tür zu gelangen. Bei anderen Wagen war hinten eine Leiter zum Besteigen des Daches angebracht oder irgendein Griff, oder wenigstens ein Halter für die Schlußlaterne. Aber an diesem gab es nichts dergleichen. Es handelte sich um einen Wagen neuester Bauart, allenthalben abgerundet, nahtlos, windschlüpfig. Warum mußte er auch ausgerechnet an so einen geraten? Der Teufel sollte ihn holen.

Dann bleibt mir nichts anderes übrig, als die Scheibe einzuschlagen. Aber womit? Und ob ich dann hineinkomme, ist auch noch die Frage. Wenn doch dieser verfluchte Tritt nicht soweit unter dem Wagen säße! Sowie ich versuche, mich am Fensterrahmen hochzuziehen, hänge ich in der Luft. Und wie soll ich dann hineinkommen? Es geht nicht, Kinder, es geht nicht! Aber was sonst? Vielleicht ist es mit einem ordentlichen Ruckzuck doch noch zu schaffen. Erst einmal die Scheibe einschlagen.

Er betrachtete das Fenster. Es bestand aus zwei mit Stahlrahmen eingefaßten Teilen. Die untere Hälfte war fest, die obere ließ sich an der Innenseite herunterschieben. Über beide Hälften zog sich eine graue Eisschicht im Bogen nach oben.

Viel Zeit habe ich nicht mehr, dachte er. Ich kann ja jetzt schon die Finger kaum noch bewegen. Und die Haut über meinen Backenknochen spannt sich, als wolle sie jeden Augenblick platzen. Soll ich die Scheibe mit der Faust einschlagen oder wie? Und wenn ich mir dabei eine Ader aufschlitze? Am besten mit einem Schuh. Warum habe ich mein finnisches Messer nicht mitgenommen? Aber wer denkt denn an so etwas? Komm her!

Er bückte sich ächzend und zog das linke Bein an.

Neben dem Zug breitete sich eine dunkle Fläche aus. Am Himmel glommen ein paar rote Punkte, wahrscheinlich die Warnlichter eines Schornsteins. Ganz in der Ferne flimmerten die Fensterzeilen eines Hochhauses. Wie durch Zauberei stand plötzlich ein grünes Licht über dem Bahndamm und wich still zurück.

Norres steife Finger zogen die Schnürbandschleife zu einem Knoten zusammen. »Spuck drauf!«, sagte er, faßte den Schuh beim Hacken und riß ihn vom Fuß, wie er war. Als er die unbeschuhte Sohle wieder auf den Eisenrost stellte, hatte er ein Gefühl, als trete er auf ein Dutzend Rasiermesser. Die Kälte schnitt bis in sein Knie hinauf.

Meine Nase spüre ich schon nicht mehr. Ist wahrscheinlich schon erfroren. Ich müßte sie reiben, damit das Blut wieder in Gang kommt. Meine Ohren auch. Ach was, spuck auf die Ohren! Erst die Scheibe.

Er drückte den Schuh mit seinem Bauch gegen die Tür und schloß die Linke, die ihm kaum noch gehorchte, um die Spitze. Die Rechte umklammerte die Griffstange. Da pufite eine schwarze Masse heran und donnerte vorbei. Der Luftdruck, der ihn wie ein schwerer Hieb traf, hätte ihn herumgestoßen und auf den Bahndamm geschleudert, wenn seine Linke den Schuh nicht hätte fallen lassen und blindlings an den Türgriff gefahren wäre. Flirrend zuckten die Helligkeiten des Gegenzuges an seinen hochgezogenen Schultern vorbei. Abermals ein Puff. Ende. Häuserschatten, helle Fenstervierecke. Die beiden roten Schlußlichter entfernten sich schnell.

Um ein Haar wäre es schiefgegangen. Dann läge ich jetzt mit gebrochenem Genick auf dem Schotter, wenn es mich nicht überhaupt vor den anderen Zug geworfen hätte. Der Schuh ist im Eimer. Aber ich habe ja noch einen. Was stand da eben an dem Stellwerk? Bremen-Hemelingen? Immer noch Bremen? Scheint ja eine unendliche Stadt zu sein.

Er krümmte seinen Fuß zusammen und streifte den zweiten Schuh ab. Das Einschlagen der Scheibe war schwerer zu bewerkstelligen, als er gedacht hatte. Durch den Kreppabsatz wurde die Wucht des Schlages gedämpft, die ohnehin nicht bedeutend war, weil das Hintenüberhängen und die fortschreitende Erstarrung seinen Bewegungen die Kraft nahm. Er mußte ein paar Mal ausholen, ehe es klirrte.

Wenn außer dem Hundesohn noch jemand im Wagen sitzt, wird er jetzt wohl merken, daß hier etwas los ist. Ich könnte ganz gut ein bißchen Hilfe gebrauchen.

Aber niemand kam. Er ging daran, die Glaszacken, die noch im

Rahmen steckten, Stück für Stück herauszuschlagen. Seine Brust keuchte, dampfend kam der Atem aus seinem Munde. Unter dem Wagen begann es zu dröhnen, ein Gitterwerk schoß neben dem Zug hoch und zischte mit rhythmischen Geräuschen vorbei. Im Sternenlicht der Nacht schimmerte das breite Band eines Stromes herauf.

Muß die Weser sein, dachte er und hämmerte weiter. Hatte ich mir größer vorgestellt. Geh raus, verdammtes Sauding!

Norre bemerkte ihn erst, als sich der stählerne Rahmen der oberen Fensterhälfte langsam senkte. Der Eisenbahner, der wie ein Gespenst hinter den Eisblumen aufragte, ließ den Rahmen ein Stück hinab und schloß ihn dann seitlich mit seinem Vierkantschlüssel fest. Dadurch wurde das Türfenster dreifach vergittert: unten und oben durch die Kanten des halb herabgelassenen Fensters, in der Mitte durch die Oberkante der feststehenden unteren Fensterhälfte. Der Abstand von Stahlkante zu Stahlkante betrug zwei gute Handbreiten.

Norres Abwehr kam zu spät. Er war endgültig ausgesperrt.

Mit unbewegten Augen sah der Eisenbahner auf ihn hinab. Statt zu kauen, drückte er jetzt die Unterlippe in kurzen Abständen gegen die wulstige Oberlippe, so daß sie wie ein breiter Schnabel vorsprang.

Voller Wut und Verzweiflung schleuderte Norre seinen Schuh gegen das Schnabelgesicht. Er war sich klar darüber, was die kleine Verschiebung des Fensters bedeutete. Der Schuh prallte gegen die Stahlkante und wurde vom Fahrtwind, der zum Sturm angeschwollen war, in die roten Dampfwirbel gefegt. Wieder trübte sich, wie vor kurzem hinter der Scheibe des Erfrischungshäuschens, das gelbe Gesicht, schwankte zurück und verschwand.

Eine eisige Woge, eisiger noch als die sausende Kälte um ihn her, stieg vom Zwerchfell in Norres Brust hinauf. – Das kann doch nicht sein. Ich bin ja erst vierundzwanzig Jahre alt. Ich kann doch noch nicht ... Er biß die Zähne aufeinander und stemmte seinen Handballen gegen den festgeschlossenen Rahmen, konnte ihn aber nicht von der Stelle rücken. Während seines letzten Urlaubs hatte er in einem überfüllten Zug auch an so einem halbgeöffneten Türfenster gestanden und sich bemüht, es herunterzuschieben, weil der Frau neben ihm schlecht geworden war. Aber gegen die Vierkantsperre hatte er nichts auszurichten vermocht. Nein, das Fenster mußte er aufgeben. Was kam sonst noch in Frage? Abspringen? Nicht daran zu denken! Wenn er bei dieser Kälte auf die Schottersteine schlug, brach er sich sämtliche Knochen im Leibe.

Der Zug hatte seine Geschwindigkeit noch gesteigert. Er klapperte und ratterte nicht mehr, sondern zog mit einem weichen Rauschen durch die Finsternis. Seitwärts erschien ein einzelnes Licht, hatte eine Weile Bestand und blieb zurück. Dann waren mehrere Lichter da. Auch sie versanken.

Aber vielleicht stand irgendwo ein Signal auf Halt. Oder der Zug mußte einmal seine Fahrt herabsetzen. Konnte man annehmen, daß er seine Geschwindigkeit bis Osnabrück unverändert beibehielt? Wie weit war es noch bis Osnabrück? Anderthalb Stunden? Zwei Stunden? Er wußte es nicht. Aber das wußte er, daß seine Kräfte nicht mehr lange vorhalten würden. Dies halbe Hängen und der Eiswind und alles, das konnte nicht mehr lange gut gehen.

In das Rauschen mischte sich ein hastiges Geklicker, Schienenstränge zweigten ab, fünf, sechs, viele. Güterwagen standen da, einzeln und in Reihen. Lampen flogen vorüber, ganze Ketten von Lampen. Wieder das Klickern. Ein halbkreisförmiger Lokomotivschuppen mit dem Gleisfächer und der Drehscheibe davor. Eine schwarze Inschrift auf weißem Grund: Bahnbetriebswerk Bremen-Kirchweyhe. Der Zug rauschte dahin.

Norre spähte nach vorn. Der Fahrtwind preßte die Tränen, die aus seinen zusammengekniffenen Augen quollen, über das Wangenjoch gegen die Ohren. Als er dort hinfaßte, knisterte es wie Eis. Auch sein Kinn knisterte. Er wagte nicht, die Ohren zu reiben, weil er fürchtete, sie brächen ab. War der helle Dunst, der sich links vorn zeigte, ein Bahnhof? Auf seiner Oberlippe saß ebenfalls Eis. Ein Bahnhof, ja. Er unterschied das Haus und die glatten Bahnsteige. Und da jagte der Zug auch schon hindurch. Ein paar Sekunden lang verdichtete sich das Rauschen zu einem scharfen Zischen.

»Hilfe!«, schrie Norre, so laut er konnte. Aber seine Stimme überschlug sich sofort. »Hü-fääá!« Niemand ließ sich blicken. Gerassel, Geklicker. Vorbei. Kirchweyhe hieß der Bahnhof.

Die Telefondrähte sanken, stiegen in flachem Bogen an, schossen zu einem Mast empor und sanken wieder, stiegen und sanken, stiegen und sanken.

Wenn ich doch an so einen Draht herankönnte! Da gehen nun die Stimmen der Menschen hindurch. Sie erzählen sich was, sie lachen und husten und erzählen sich Witze, und ich hänge hier zwischen Leben und Tod. Ich hätte meinen Schuh gegen die Drähte werfen sollen. Vielleicht wäre dann eine Störung eingetreten, und sie hätten etwas gemerkt. Ach was, die merken nichts, die lachen und rauchen Zigarren, und ich muß erfrieren.

»Hundesohn!«, schrie er plötzlich. »Dreimal kreuzverdammter Hundesohn! Du kannst mich doch nicht hier verrecken lassen wie ein Kilo Putzwolle!«

Er schlug ein paar Mal mit der Faust gegen die Wagenwand. »Mach auf, Hundesohn! Aufmachen! Au-ma-en!« Seine Worte waren nur noch ein Würgen und Röcheln.

Der kommt nicht. Niemand kommt. Lange halte ich das nicht mehr aus. Wenn ich bloß nicht so hinten überhinge! Mein Kreuz bricht ab. Und die Füße, die Füße! Und müde bin ich auch.

Noch immer liefen mehrere Schienenstränge neben dem Zug her. Die Nacht wurde dunkler. Weit und breit war kein Licht mehr zu sehen. Und dann bogen die Schienen auf die Hauptstrecke zu, eine nach der anderen, zuletzt waren nur noch zwei Gleise da.

Vorsichtig schob er seine rechte Hand hinter der Griffstange hindurch und bemühte sich, den Jackenaufschlag zu erfassen. Aber die Finger wollten sich nicht mehr schließen. Er drängte die Hand zwischen zwei Knöpfen an seinen Bauch. Vielleicht wurde sie in der Wärme wieder beweglich und konnte sich an den Gürtel krallen.

Der Zug fuhr in ein Schneegestöber hinein. Norres Haut merkte nichts, aber die Augen fühlten es. Und dann sah er auch die winzigen Kristalle in den Ärmelfalten. An jeder Schranke wirbelte etwas Schneestaub hinter dem Wagen hoch.

Mit großer Mühe gelang es ihm, seine Finger um den Gürtel zu legen. Am ehesten gehorchte noch der Daumen. Der kleine Finger blieb dagegen steif und gefühllos.

Beim Durchfahren von Syke rief er nicht mehr um Hilfe. Es hatte keinen Sinn. Der Bahnhof war menschenleer. Auf der Rampe neben dem Güterschuppen standen rote und grüne Landmaschinen. Woran hatte er doch gedacht, ehe der Zug durch Syke brauste? Er konnte sich nicht mehr darauf besinnen. Aber es war etwas Wichtiges gewesen. Womöglich schnürte die Griffstange sein Blut ab. Dann würde der Arm, an dem er hing, schneller erfrieren als die anderen Glieder. Wo liefen eigentlich die Adern entlang? Wo liefen eigentlich –? Das Nachdenken fiel ihm so schwer.

Neben dem Bahndamm zogen sich Häuserschatten mit rötlichen und gelben Fenstervierecken hin. Hinter dem einen Fenster brannte noch ein Weihnachtsbaum. Die hatten es gut. Ach ja. Er war nicht imstande gewesen, die Bahnhofsuhr zu erkennen. Der Zug dröhnte jetzt durch einen Geländeeinschnitt. Das Schneien schien aufgehört zu haben. Die Adern liefen sicher in der Ellbogenbeuge entlang. Ach so, jetzt wußte er wieder, woran er vorhin gedacht hatte. Er streckte die linke Hand durch das eingeschlagene Fenster, um sie an der Wärme im Inneren des Wagens teilhaben zu lassen. Das hätte er schon früher tun sollen. Aber er spürte keinen Unterschied zwischen außen und innen. War seine Hand schon tot? Erst die Hand und dann der Arm und dann das Herz.

Vor einiger Zeit hatte er seine Hand in eine andere Wärme gestreckt. Erna mochte keine frechen Männer. In ihrer Bude war es aber wärmer gewesen als auf dem Bahnsteig. Hatte er eigentlich etwas Freches gesagt? Höchstens das mit der Kirche. Sie war richtig ärgerlich geworden. Ob sie wohl sonntags in die Kirche ging? In Lünen hieß die Kirche Georgskirche ... in Lünen ... in Lünen ...

Der Zug fuhr und fuhr, er schmiegte sich schräg in die Kurven, richtete sich wieder auf und rauschte weiter. Und jedes Signal stand auf ›Freie Fahrt‹. Und oben glitzerten die Sterne.

Noch nie in seinem Leben war er so allein gewesen. Und kein Mensch konnte ihm helfen, wohin er seine Gedanken auch richtete, der Kapitän nicht und die Mutter nicht und die Sterne nicht da oben und Erna nicht und Kuli nicht, sein Macker am Backbordmotor, Kuli, der alte Finne mit einem blauen Blutschwamm an der Schläfe und grauen Haaren hinten am Nacken herunter, der es mit dem Besprechen von Krankheiten hatte und mit dem Zaubern. Aber auch er konnte ihm nicht helfen in dieser Mutterseelenverlassenheit. Ein Schluchzen stieg in ihm hoch, er verzog seinen Mund und weinte ein bißchen vor sich hin. Die Dinge und Gewalten, zwischen die er geraten war, hatten ihr hartes Gesetz und gingen gleichmütig ihren Gang: der Zug, der Eiswind, die stählerne Wand, das Fenster, die Nacht. Kein Erbarmen, wohin er sich auch wandte.

Gab es denn so etwas auf der Welt, daß die einen in der warmen Stube um den Weihnachtsbaum herumstanden und ein Lied sangen und der andere in der bitteren Winternacht an einem Eisenbahnwagen hing und sterben mußte, heute noch ... jajaja ... um den Weihnachtsbaum herum ... jaja ... das war ... warte mal ... ach, das war schon lange her ... da lebte sein Vater noch ... er hatte noch nie einen so hohen Tannenbaum ... und so viele Kerzen ... bis unter das Gewölbe ... heute noch ... und die Orgel erklang, und er saß neben seinem Vater auf der Bank und versuchte, die Kerzen zu zählen ... und da war auch ein großes Kreuz, im Dunkeln ... da oben ... und ein blutendes Gesicht, so schräg, das die Kerzen von unten her ein bißchen hell machten ... und die Augen halb zu ... siebenundvierzig, achtundvierzig, neunundvierzig Kerzen ... einundfünfzig ... als ob sie lebendig seien ... die Augen ... ach ja, heute noch ... in einer Viertelstunde schon ... oder noch eher ... oder ... oder ... heute noch ... heu ...

Er schreckte hoch, weil sein rechtes Knie nach vorn geschnellt und sein Körper zusammengesackt war. Ein Glück, daß er den Arm hinter die Griffstange geschoben hatte! War er denn richtig eingeschlafen? Nur das nicht! Wenn er einschlief, wachte er nicht wieder auf. Und wenn er nicht einschlief? Er war so oder so verloren. Ob er wohl noch einmal zur Besinnung kam beim Herunterfallen im Schlaf? Eine hundertstel Sekunde, bevor er sich das Genick brach? Warum sagte es denn immerzu ›Heute noch‹ in seinem Kopf? Die Augenlider waren so schwer, als hinge an jeder Wimper ein Gewicht. Es kostete ihn eine inständige Anstrengung, sie zu heben und in die Nacht hinauszusehen.

Unablässig floß der Lichtschein, der aus den Fenstern fiel, neben dem Wagen her, über Gebüsche, zugefrorene Gräben, Schilfstreifen, Zäune und kleine Schneewehen, auf und ab und immer weiter. Hinter dem eilenden Schein stand eine dumpfe Finsternis, über der ein Dämmern aus schwachem Sternenlicht schwebte.

Und morgen Abend ist das alles noch genau so vorhanden wie jetzt, dachte er, und übermorgen auch und in vier Wochen immer noch. Und ich? Wo bin ich morgen? Wie sehe ich morgen aus? Nein, nicht morgen, heute noch ... heute noch ... Ich habe mir ja alles Mögliche einfallen lassen. Aber doch nicht so etwas. Von Zeit zu Zeit stellt man sich ja vor, wie das Leben weitergehen soll. Die Hauptsache soll ja erst noch kommen. Der Tod ist weiter nicht im Spiel. Wer denkt denn mit vierundzwanzig Jahren an den Tod? Ich jedenfalls nicht. Und mit einem Male sind vierundzwanzig Jahre alles, was einem bewilligt worden ist. Und dann Schluß. Heute noch.

Wieder quoll ein Weinen in ihm hoch. Vielleicht hätte ich das nicht sagen sollen, daß ich nicht wüßte, was eine Kirche ist. Früher bin ich sogar jeden Sonntag drin gewesen, als ich konfirmiert wurde, ganz früher, in Lünen. Und Weihnachten auch. Hätte ich nicht sagen sollen. Ach was! Als ob der Hundesohn dann die Tür nicht abgeschlossen hätte! An der Kirche lag es nicht. Und woran sonst? Etwa am lieben Gott? Andere hatten auch nichts mit dem lieben Gott im Sinn. Zum Beispiel Kuli. Und der saß jetzt in Bremerhaven bei Mutti Schwarz und trank was Gutes. Oder an Erna? Oder an dem Hundesohn? Natürlich lag es an dem Hundesohn, an diesem Verbrecher. Was weiß der liebe Gott denn davon, wie elend einem zumute ist, wenn man sterben muß. Er braucht ja nicht zu sterben, er ja nicht. Beten hat auch keinen Zweck. Hilf dir selbst, dann hilft dir Gott! Wie hieß der Bahnhof eben? Hinter der Theke stand eine Frau und wischte ein Glas aus. Und nachher legt sie sich ins Bett und wird warm und pustet den Schlaf aus ihrer Nase heraus. Ein verdammter Quatsch: Hilf dir selbst! Wie kann ich mir denn helfen, hö? Wie denn? Ist denn keiner da, der mich mal anfaßt? Nur mal anfaßt, daß ich nicht mehr so allein bin. Wenn ich noch ein Junge wäre, brächte ich es sicher fertig zu beten. Aber so nicht. Oder soll ich es einmal versuchen? Lieber Gott, wenn ich auch ein ... wenn ich auch ... ich auch ... ich... ich muß sterben, ich muß sterben, ich muß sterben ...

Eine Brücke sang kurz auf, eine Schranke flog vorbei, ein Wirbel von Schneestaub, eine Birkenreihe. Womöglich war er schon gestorben? Oder was hatte das zu bedeuten? Warum war denn in seinem Kopf soviel Platz, soviel Nacht und graues, graues Nachtgeriesel? Und ganz in der Ferne eine verwischte Helligkeit, mehr ein Fleck, der sich heranbewegte, ein Gesicht sozusagen. Es kam auf ihn zu. Und heute noch ... oder vor vielen Jahren ... oder doch heute ... oder in Lünen, oben unter dem Gewölbe ... ein schräg nach vorn gesunkener Kopf und die Augen halb zu vor Schmerzen und der Mund offen ... und die harte Falte zwischen den Brauen, und die Zähne zu sehen und das Blut, das über die Stirn rann und an den Ohren herunter ... und er hing da ... und heute noch ... und keiner half ihm ... und er hing neben ihm, ganz nahe, und die schmerzenden Lider hoben sich ein wenig, und die

Lippen bewegten sich, und er sah ihn an ... und heute noch ... und einer sah den anderen mit brechenden Augen an.

Hängt denn noch einer am Zug, dachte er. Ist denn alles ganz anders? Du? Was denn? Du auch? Mußt du auch sterben? Was sagst du? Was ist heute noch? »Wirst du mit mir ... mit mir ... mit ...«

Hinter Drebber wirbelte der Zug eine dichte Schneewolke aus dem vertrockneten Rainfarn auf, der neben den Gleisen stand. Dann war die Stelle leer, an der Norre gehangen hatte.

Der Streckenläufer, der ihn am anderen Morgen fand, erzählte, die Beine seien ja schrecklich verdreht gewesen, aber im Gesicht habe er eigentlich ganz zufrieden ausgesehen, wenn er mal so sagen solle.

NACHWORT

I

»Hinter jeder Wolke der Trübsal«, so schreibt KARL HEINRICH WAGGERL über die »stillste Zeit im Jahr«, »glänzt doch immer auch ein Stern der Verheißung. Daran trösten wir uns in diesen Wochen, wenn Nacht und Kälte unaufhaltsam zu wachsen scheinen. Wir wissen jedoch und wir wissen es ganz sicher, dass die finsteren Mächte unterliegen werden an dem Tag, mit dem sich die Sonne wendet, und in der Nacht, in der uns das Heil der Welt geboren wurde.«

An Weihnachten wird Christus als Licht gefeiert. Neben Ostern ist Weihnachten das Fest der Lichter. Auf den Straßen, auf öffentlichen Plätzen und in Schaufenstern erstrahlt alles im Licht: Überall sind Sterne, leuchtende Girlanden, Tannenbäume, Weihnachtskugeln und Lametta. Das grelle, künstliche Licht der Glühbirnen leuchtet Tag und Nacht und macht vergessen, dass die adventliche Zeit eine Zeit des Lichts im Dunkel ist. Daran erinnert das Licht der Kerze. Der geringe Lichtschein der Kerze erhellt das Dunkel kaum. Stärker als beim elektrischen Licht spürt man, wie undurchdringlich tief die Nacht ist.

Die Heilige Nacht ist wirklich Nacht, eine Nacht, in der sich menschliche Abgründe zeigen. Aber wer in der Nacht zu sagen wagt, dass das Kind in der Krippe der Allmächtige ist, der sich in seinem Geschöpf verhüllt, der hat die Nacht überwunden und die Finsternis licht gemacht. »Von dem Kind und seiner Mutter«, so heißt es in LEO WEISMANTELS Weihnachtslegende, »ging ein blaues, geheimnisvolles Leuchten aus, das nur die Heiligen Drei Könige gewahrten. Dies Leuchten ging wie ein Licht in die Finsternis; es war, als sei es bis zur

Stunde Nacht gewesen, und alles, was die Nacht in sich verborgen hatte, kam nun vor und wurde sichtbar.«

»Das Volk, das im Finstern wandelt, sieht ein großes Licht, und über die da wohnen im finstern Land, scheint es hell« (Jesaja 9,1). Die Welt wandelt in Finsternis. Es ist eine durch Glühbirnen und Neonlicht ständig erleuchtete Welt, die mit dem Licht des Menschengeistes alles erforscht und mit lichtem Verstand Fortschritte anstrebt. Es ist eine Welt, die alles ans Licht bringen will und dabei vergisst, wie gottfern sie in Wirklichkeit ist. Es ist eine Welt, die trotz allem Lichterglanz in Finsternis wandelt, weil sie nicht weiß, dass sie eine von Gott geliebte Welt ist.

»Das Volk, das im Finstern wandelt, sieht ein großes Licht.« Ein großes Licht sehen Menschen, die das Nordlicht beobachten, das den Himmel in züngelnde Lichter taucht und das Land hell erleuchtet, bis das Licht verblasst und alles wieder in der Finsternis versinkt. Die Nacht scheint undurchdringlicher und tiefer denn zuvor. Das große Licht, von dem der Prophet spricht, ist von anderer Art. Es ist ein Licht, das den kommenden Morgen ankündigt, das Dunkel des Lebens vertreibt und den Gottestag heraufführt, der in der Geburt des Kindes zu Bethlehem für die ganze Welt angebrochen ist. »Es ist ein Licht, das an einem finsteren Ort scheint, bis der Tag anbricht und der Morgenstern aufgeht in unserem Herzen« (2 Petrus 1,19). Es ist das heilende Licht, das über die Finsternis triumphiert und die Dunkelheit aus dem Herzen vertreiben will. Es ist das wärmende Licht der göttlichen Liebe, das die Todesnacht der Sünde überwindet.

Das Sterntalermärchen der Gebrüder Grimm handelt von Licht und Dunkel, Fülle und Leere. In der tiefsten Finsternis kommt die Wende zum Licht. Das Licht heißt Liebe und wird Mensch durch Jesus Christus. Jesus kommt unter Bedingungen in die Welt wie das arme Sterntalermädchen: auf der Suche nach einer Bleibe, weit ab in der Stille, ohne Macht und Zwang, klein und schwach; doch gerade darin zeigt sich seine Liebe, die die Sterne bewegt. Ein Sternenregen fällt vom Himmel. Gott kommt zum Menschen, er schenkt ihm seine Liebe, unverdient und ohne Vorleistung. Wer diese Liebe einmal erfahren hat, den lässt sie nie wieder los. Sie strahlt im Menschen, sie macht ihn inwendig reich und verändert die äußere Welt für immer. Der Lauf der Welt geht weiter mit Sorgen und Freude, Liebe und Hass, Kummer und Heiterkeit. Dunkle Wolkenwände bauen sich um das Leben, Einsamkeit nagt an den Nächten. Und doch: Eine kleine Flamme glüht, ein Lichtstrahl leuchtet auf und eine Stimme spricht: Ich bin das Licht der Welt. Ich bin gekommen, dass du das Leben in Fülle hast.

Christus ist Licht in unserem Leben. Nicht nur eine Botschaft, eine Lehre oder eine gute Nachricht ist das Licht unseres Lebens, sondern Jesus Christus selbst. Er macht unser Leben hell. Er vertreibt nicht einfach trübe Stunden oder verbreitet eitel Sonnenschein. Er ist uns Licht, indem er uns aus der Nacht der Gottesferne erlöst. Das Leben wird nicht rosarot, aber es wird hell, weil Gott selbst unter uns ist und uns nicht der Hoffnungslosigkeit überlässt. Paulus sagt im zweiten Korintherbrief: »Gott, der sprach: Aus Finsternis werde Licht, er ist in eurem Herzen aufgeleuchtet, die ihr erleuchtet wurdet durch den göttlichen Glanz auf dem Antlitz Christi.« Gott, der Licht ist, Gott, der über seiner Schöpfung Licht aufgehen ließ, Gott, der das Herz mit dem Licht der Hoffnung erhellt hat, er ist aufgeleuchtet auf dem menschlichen Antlitz Christi. In Christus erfahren wir ganz tief, wer Gott für uns ist.

Der Glaube an Jesus Christus stellt uns ein Licht auf, wenn wir vor der Nacht des Todes stehen. Weihnacht, so schreibt JEREMIAS GOTTHELF, ist den Alten »die Heilige Nacht, welche sie weiht und stärkt, getrost zu treten in die Nacht des Todes, denn sie verheißt ihnen, dass in der Todesnacht ihnen das ewige Licht geboren wird«. Jesus verheißt dem Menschen, dass er nicht in ein Leben zum Tode hineingeworfen ist. Der Tod ist vielmehr die endgültige Teilnahme an Jesu Geschick, das in die Heimkehr zum Vater einmündet, in ein vollendetes Leben, so lichterfüllt wie kein Auge gesehen und kein Ohr gehört hat.

Vom Licht erfüllt sein, das Licht spüren, heißt verweilen unter dem Blick dessen, der uns anschaut, der uns hineinnimmt in seine Gegenwart. Der Mensch ist so angelegt, dass er sich immer wieder hineinbegibt in das Licht. Er soll im Licht der Liebe Gottes wachsen, zu sich selbst kommen, um in diesem Licht dem entgegenzureifen, wozu Gott ihn bestimmt hat. Der Einzelne ist nicht irgendein Zufallstreffer der Entwicklung des Lebens, er ist der Geliebte Gottes.

Die adventlichen Lichtzeichen haben eine unwiderstehliche Wirkung. Wer in ihre geheimnisvoll feierliche Lichtwirkung hineingerät, kann sich ihnen nicht entziehen. Das Licht öffnet das Fenster des Herzens und zaubert Bilder in die Herzen der Menschen. WALDEMAR BONSELS Elfenkind vermag auch in größter Hoffnungslosigkeit und Trauer wieder Trost zu spenden, JOHANNES VON HILDESHEIMS Könige begegnen einander als Brüder, aus LENE MAYER-SKUMANZ' Räuber wird ein starker, großer Hirt mit offenem Herz. Menschen werden so durch ihr hell gemachtes Leben selbst zur Lichtquelle. Sie sind Licht in dunkler Welt. Das Licht, das Christus ist, macht sie zu Lichtträgern für andere. So wie Christus Licht unseres Lebens geworden ist, dürfen wir »an finsterem Ort« (2 Petrus 1,19) seine Lichtträger sein und andere aus dem Dunkel holen. Die Augen sind das Fenster des menschlichen Herzens. Durch dieses Fenster sollen andere einen Blick auf das Licht Gottes werfen. Dort, wo Menschen selbst Lichtträger werden, brennt das Weihnachtslicht, das Gott in uns in der Krippe angezündet hat, weiter bis ans Ende der Welt.

II

Ein Großteil unseres Lebens spielt sich hinter der Tür eines Hauses oder einer Wohnung ab. Am Anfang ist es die Tür des Elternhauses, dann die der eigenen Wohnung, am Ende ist es die eines Altersheims oder eines Krankenhauses. Diese Tür grenzt uns von den anderen ab, die draußen sind, und erschließt uns einen eigenen Bereich, den man nach Belieben öffnen oder absperren kann. Es gibt Menschen ohne Obdach, die keine Haustür, Wohnungstür oder Zimmertür haben, aber eine Herzenstür besitzt jeder. Hinter dieser Tür ist jeder für sich. Ganz verschiedene Stimmen von Menschen, Eindrücken und Stimmungen dringen an diese Tür und wieder kann jeder, wie es einem beliebt, sich ihnen öffnen oder verschließen.

An Weihnachten steht Jesus vor der Herzenstür der Menschen und klopft an, weil er in ihre Herzenswohnung kommen möchte. Jesus klopft an und wartet, er tritt nicht mit Gewalt ein. Die Tür kann nur von innen geöffnet werden, von außen fehlt die Klinke. Wenn sich die Tür nicht öffnet, geht Jesus vorüber. Gott sagt zu Kain: »Wenn du recht handelst, darfst du frei aufschauen, handelst du aber nicht recht, so lauert die Sünde vor der Tür und nach dir steht ihre Begierde« (Genesis 4,7). Wo die Sünde sich Eintritt verschafft hat, muss Jesus draußen bleiben. Wenn inwendig alles in Unordnung ist, kann man sich Jesus nicht bewusst öffnen und lässt ihn vorübergehen.

Wenn man Jesu Anklopfen überhört, dann geht es vielleicht zu geräuschvoll im Herzen zu. Die Nacht der Christgeburt ist die stille, die Heilige Nacht. Aber sie ist laut geworden, zu laut. Die »stillste Zeit im Jahr« ist heute eine hektische und unruhige Zeit. Der weihnachtliche Rummel und Einkaufsstress verursachen Lärm, der die Stille aus dem Herzen vertreibt. Es ist heute nicht einfach zu hören. Es gibt viele Stimmen, die sich Gehör verschaffen wollen, einige schrill und laut, andere provokant und manipulativ, wieder andere lockend und einschmeichelnd. Es sind vor allem die flotten Sprüche der Werbung, die Sehnsüchte wecken, einen illusionären Traum großer Erfüllung beschwören, ohne selbst Erfüllung zu schenken.

Viele Botschaften stürzen auf uns ein und nebeln uns so ein, dass man das Wichtige nicht mehr vom Unwesentlichen unterscheiden kann. Im Wirrwarr der lauten Botschaften und Sprüche vermag man das unaufdringliche Anklopfen Gottes nicht mehr zu vernehmen. Wo aber jemand wach ist, aufmerksam und offen, da bedarf es des Klopfens kaum. Advent stellt uns in das Warten, in eine Erwartung und will uns hörbereit machen. Wer wartet, kann das, worauf er wartet, nicht selbst machen oder durch Vorleistungen erzwingen. Jesus, der Erwartete, kommt zu den Menschen, nicht von ihnen. Man kann ihn nicht herbeizwingen, sondern nur empfangen. Die, die warten, werden beschenkt durch die Selbstgabe Gottes.

Jesus will aufgenommen werden. Er will in unser Herz eingehen. Als Jesus zu Zachäus spricht: Ich will heute in deinem Haus einkehren, da ist Jesus für Zachäus nicht nur ein Gegenüber; dieser lässt Jesus bei sich ein, nimmt ihn auf und erfährt durch Jesu Besuch in seinem Herzen Heil. Man kann Jesus aber auch einlassen, ohne ihn aufzunehmen. Man öffnet für ihn die Tür, man sieht ihn, man hört ihn, aber man lässt ihn nicht ein. Man feiert Advent, zündet Kerzen an, aber es kommt zu keiner Begegnung. Aber eben diese sucht Jesus. Er will im Menschenherzen Einzug halten und Aufnahme finden.

Es gibt kein Aufnehmen ohne Weitergabe, kein Hören ohne Weitersagen. Auch davon handelt die Weihnachtsgeschichte. Der Anruf Jesu ist nicht unverbindlich-abstrakt und nicht einfach auf Betroffenheit angelegt. Er ist vielmehr ein Ruf zur Entscheidung und fordert glaubenden Aufbruch. Wer das Anklopfen, den Anruf Jesu in seinem Leben erfahren hat, muss Antwort geben. Die Hirten in DIETER KOREIMANNS Legende räsonieren nicht über das, was sie gesehen und gehört haben, sie fragen und zweifeln nicht mehr. Sie legen Zeugnis ab in beschenktem Erstaunen und gestärktem Vertrauen. Sie wenden sich dem göttlichen Kind ohne Vorbehalt zu und überlassen sich ihm, der einkehren will in die Herzen der Menschen.

Auf dem Weg zur Krippe träumen die Hirten in FELIX TIMMERMANS Weihnachtsgeschichte von einer besseren Welt. Aber sie werden an der Krippe nicht in eine andere, schönere Welt versetzt. Sie finden in Bethlehem ihre eigene kleine, armselige Alltagswelt wieder: arme Leute, denen man keine Herberge anbietet, und ein kleines, schwaches Kind. Sie sehen diese Armut und Schwachheit und kehren zurück in ihren Alltag. Aber dennoch heißt es von ihnen: Sie rühmten Gott und priesen ihn für das, was sie gehört und gesehen hatten. Denn sie haben das Wort geglaubt, dass das unscheinbare Kind der Herr ist. Aus der kleinen Schar der Hirten wird eine große Schar, denn die Hirten finden beim Weitersagen aufnahmebereite, glaubende Ohren. Sie treffen auf Menschen, die mit den Ohren des Herzens hören, Menschen, die Gott suchen und erwarten in adventlicher Offenheit. Adventlich leben bedeutet: dem Vater mit Sehnsucht entgegengehen. Das Herz geht auf die Suche nach Gott und kommt nicht zur Ruhe, bis es in Gott ruht.

III

»Die Zeit«, so schreibt PETER ROSEGGER, »blickt erwartungsvoll aus nach des Verheißenen Ankunft. Advent! Aber wer soll denn kommen? Der Erlöser, sagt der Prediger; der Jahrlohn, sagt der Dienstbote; die Weihnachtsgabe, sagen der Arme und das Kind; die Feiertage mit dem Christbraten, sagt die ganze Gesellschaft.« In der Heiligen Nacht ist Gott gekommen. Er hat sein Wort im Fleisch gewordenen Wort in die Welt hineingesagt. Und dieses Wort heißt: Du gehörst zu mir, du Mensch und du Welt. Das Fleisch gewordene Wort, das aus der Mitte Gottes ausgeht, ist Gott selbst im Wort. Es ist Zeugnis dafür, dass Gott den Menschen sucht, weil er ihn von Ewigkeit her in dem Wort liebt und ihn in Christus zur Würde der Gotteskindschaft erhöhen will. Die suchende Liebe Gottes entspringt dem Innersten Gottes, der das Herz des Menschen heimholen und beheimaten möchte. INA SEIDELS Oberleutnant Hans Lennacker, der von der Front zurückgekehrt ist, erfährt in der Christnacht, wohin er gehört und wozu er eigentlich bestimmt ist. Ein Wort dringt »hallend in ihn ein, sodass er die Augen schließt, als blende ihn ein jähes, ganz weißes Licht: ›Gott aber spricht: Ich habe dich bei deinem Namen gerufen, du bist mein!‹«

Gott ist da von Ewigkeit, von Anfang, ohne Ende. Er ist ewige Gegenwart, die sich nicht verliert in ein Nachher und Später. Aber das unendliche Leben Gottes verbleibt nicht in einem übermenschlichen, überirdischen Reich der Ideen. Gott ruht nicht in sich als Idee. Er ist einer, der für den Menschen da ist und für ihn und an ihm handelt. Gott kommt zum Menschen. Er ist in dem Kind in der Krippe erschienen und lässt sich im Stall von Betlehem finden. Als der kleine Stern in ULRICH KNELLWOLFS Märchen das Christuskind sieht, ist er ganz verzagt. »So ein kleines Kind, wie kann das den Menschen helfen?«, fragt der kleine Stern den Engel. »Dazu braucht es doch einen mächtigen Mann.« »Mächtige Männer gibt es auf der Erde genug«, antwortet der Engel. »Und sie alle haben den Menschen nicht richtig geholfen. Was die Menschen brauchen, ist einer, der sie gern hat. Den schickt ihnen Gott heute.«

Gott ist in der Gestalt seines Sohnes nicht abstrakt, kein Absolutes, das sich in seinem göttlichen Sein einschließt. Gott bleibt nicht bei sich selber. Er schenkt sich dem Menschen liebend hin und neigt sich zu einer verlorenen Welt herab. Dieser Gott kommt ohne äußerliche Macht und ohne allen Zwang. Er will nicht den Gebotsgehorsam des Menschen, sondern seine Hingabe. Er will nicht furchtsam bewundert, sondern ungezwungen geliebt werden. Es ist daher, so schreibt KARL HEINRICH WAGGERL, »keine Hilfe und keine Zuflucht bei der Weisheit der Weisen und der Macht der Mächtigen. Denn der Herr kam nicht zur Welt, damit die Menschen weiser, sondern damit sie gütiger würden. Und darum sind es allein die Kräfte des Herzens, die uns vielleicht noch werden retten können.«

Dieser Gott, der nicht über den Menschen herrschen, sondern mit ihm gehen will, ist ein persönlicher Gott, der den Menschen sucht und ihn mit seiner erbarmenden Liebe immer wieder einholt. Er ist der »Immanuel«, der »Gott mit uns« (Jesaja 7,14), der sich um jeden Einzelnen väterlich kümmert. Der Engel in WERNER REISERS Märchen wird mit einer frohen Botschaft zu den Menschen geschickt: »Du wirst ihre Herzen öffnen für neue Zuversicht, ihre Hände stärken zu neuen

Taten. Du wirst ihnen zeigen, dass die Liebe größer ist als das Leben und stärker als der Tod.« In der Liebe Gottes endet alle Selbstmächtigkeit des Menschen. Gott setzt ins Dasein, er ergreift die Initiative und handelt am Menschen. Die wundersame Nacht der Christusgeburt ist ein Ereignis, das an der Welt geschieht. Es ist kein Menschenwerk. In ihm zeigt sich, was Gott getan hat. In der Heiligen Nacht kommt Gottes Liebe in die Welt.

IV

Die Botschaft von einem Kind, in dem Gott Mensch geworden ist, ist in der dichterischen Welt des Märchens und der Legende kein Traum, der eine verklärte Wunschwelt heraufbeschwört. All das, was man in der Weihnachtsbotschaft nur allzu gerne in ein fernes Jenseits verlegen möchte – das Christuskind, den Vatergott, die Engel –, all das wird in der Märchen- und Legendenwelt im Diesseits erwartet. Man nimmt Gott oft als fern und unerreichbar an und vermutet ihn im Großen, Mächtigen, dabei zeigt er sich im Kleinen und Alltäglichen. Man sucht ihn im fernen Himmel und dabei ist er täglich da. Man glaubt ihn über der Welt, dabei offenbart er sich in seiner Schöpfung.

In der Märchen- und Legendenwelt ist das Himmlische und Übernatürliche verknüpft mit irdischen, wirklichen Ereignissen. Das Überweltlich-Transzendente ist so mit dem Diesseits verwoben, dass es sich von der Alltagswelt nicht abhebt. Der Gegensatz zwischen der paradiesischen Märchenwelt und der Alltagswirklichkeit ist aufgehoben in einer höheren geheimnisvoll verwandelten Welt, in der die Verbindung mit dem Ewigen möglich ist, ein Ineinander-Übergehen von Göttlichem und Menschlichem, von Zeitlichem und Überzeitlichem.

Der Mensch besitzt eine himmlische, nicht zu überbietende Möglichkeit: nämlich das Heil Gottes zu gewinnen und Kind Gottes zu werden. Alles liegt im Menschen, auch die Möglichkeit, das Göttliche zu entdecken und das Wunderbare zu erfahren. E. T. A. HOFFMANNS

Feenkind erschließt den Brakelkindern eine geheimnisvolle höhere Welt und öffnet ihren Blick für das Wunderbare, das den rationalistischen Wissenschaften des Meisters Tinte verschlossen bleibt. Das »fremde Kind« zieht die Geschwister so in die Wunderdinge der Märchenwelt hinein, dass sie ihnen als Wirklichkeit erscheinen. Die spielenden Kinder glauben nunmehr an die Realität der geschauten Wunderdinge. Das Wunderbare verbindet sich mit dem Alltäglichen und wird erfahrbar, sichtbar. Weil die Kinder an die Realität des Wunderbaren glauben, weichen am Ende »aller Schmerz, alle Sorge« von ihnen. Das »fremde Kind« verspricht ihnen: »Seht ihr mich auch nicht mit leiblichen Augen, so umschwebe ich euch doch beständig und helfe euch mit meiner Macht.«

Das Kind in Marie Luise Kaschnitz' Weihnachtsgeschichte wundert sich nicht über das Wunder. Es erlebt es nicht als das ganz andere, es ist ihm vertraut. Der Mensch hat am Göttlichen teil, er ist aus Gott geboren (Johannes 1,13). Das Wunderbar-Göttliche ist nicht fern, es ist offenbar und erreichbar. Das Sterntalermädchen erwartet das Wunderbare als etwas Selbstverständliches, unbefangen und ohne Angst lässt es sich von ihm treffen. Es muss das Wunderbare nicht durch Leistungen herbeizwingen, es lässt sich von ihm beschenken. Es geht absichtslos mit dem Wunderbaren um, ohne es ergründen und beherrschen zu wollen. Es weiß sich getragen von wunderbaren Mächten und nimmt sie vertrauensvoll an. In Jeremias Gotthelfs Weihnachtsgeschichte nimmt die Großmutter Käthi die Welt durch ihre Gottesliebe wahr. Sie weiß, dass die Welt von einer vorsehenden Führung durchwaltet ist. Nichts geschieht zufällig. Das Sich-Geborgen-und-Aufgehoben-Wissen ist verlässlich. Man muss das, von dem man sich getragen weiß, nicht durchschauen und begreifen wollen. Man kann sich ihm bedingungslos und ohne Vorbehalt anvertrauen.

Die Kinder in Adalbert Stifters Weihnachtsgeschichte haben sich scheinbar hoffnungslos verirrt und glauben fast nicht mehr, dass sie aus dem Eis herausfinden werden. Aber so verwirrend und hart die

Wirklichkeit die Kinder auch anfällt, es bleibt die Gewissheit, dass alles im Letzten sinnvoll gefügt und geführt ist. Es bleibt die Ahnung einer höheren Macht, einer letzten unaufhebbaren Verwiesenheit auf eine überzeitliche Wirklichkeit, die dem Lebensweg jedes Einzelnen eine eindeutige und endgültige Zielrichtung gibt.

V

Immer wieder vermag das Fest der Menschwerdung Christi, das Bild von Vater, Mutter und dem Kind in der Krippe, von Ochs und Esel, von Engeln und Hirten, die Hoffnung zu wecken, dass alles heil wird. Kein Fest im Jahresablauf ist so menschlich, so kindlich in seinen Wünschen nach Glück. Alle Jahre wieder träumen Menschen den Traum von einer besseren und schöneren Welt. Das Krippenidyll scheint ein kleines Stück vom Glück abzubilden, man ahnt etwas von der Unschuld und Reinheit, wie sie die ungefallene Schöpfung kannte. Wer märchenhafte Geschichten liest, erwartet einer solche heile Welt, in der alles zu einem guten Ende geführt wird. Aber erzählt wird vielmehr von einer spannungsreichen und gefährdeten Welt. Da ist ein hilfloses Kind, das schon am Anfang seines Lebens Opfer von Gewalt und tödlicher Verfolgung wird. Und da sind Menschen, die Hoffnungsfunken und Lichter immer größer werden lassen, bis zuletzt eine Traumwelt entsteht, die unglaubhaft geworden ist. Weihnachten ist nicht nur Licht, Wärme, Frieden, ein Traum von heiler Welt. Weihnachten ist auch Nacht und Finsternis. Das Licht leuchtet immer nur in der Finsternis. Die Finsternis lässt sich nicht so einfach vertreiben. Das Böse ist eine schlimme Möglichkeit im Menschen selbst. Und von diesem Bösen kann sich der Mensch weder durch Anstrengungen zur Eigenherrlichkeit noch durch Leugnung des Bösen an sich erlösen. Auch wer alles hat, was sich Menschen wünschen können, erfährt, dass all dies nicht genügt. Man kann sich nicht selbst erlösen, ein anderer muss die Vollendung schenken.

Das Kreuz ist das Heils- und Erlösungszeichen. Krippe und Kreuz gehören zusammen. Der Erniedrigung am Ende entspricht die Niedrigkeit des Anfangs. In der Krippe zeigen sich die lächelnden Züge eines kleinen Kindes ebenso wie das schmerzverzerrte Antlitz eines Gekreuzigten. Im Kreuz enthüllt sich der tiefste Sinn der Geburt des Kindes. Gott leidet und stirbt und schafft so Versöhnung. So tief ist die Verlorenheit der Menschen und der ganzen Schöpfung, dass Gott als Kind in solche Tiefe herabkommt. Das Kind macht die Nacht unserer Abgründe und Verlorenheit zur Heiligen Nacht.

Wer das Licht sehen will, muss erst durch die Nacht gehen. »Wer sein Leben zu erhalten sucht, der wird es verlieren« (Lukas 17,33). Wer das Leben gewinnen will, muss es liebend verschenken. Die Liebe überschreitet alles bloß Vernünftige und Gerechte, das auf die Moral von Gut und Böse setzt. Die Liebe verlangt eine höhere Gerechtigkeit der Versöhnung und des Verzichts auf Vergeltung. Die Liebe durchbricht den Teufelskreis des Bösen. Sie zerbricht die todbringende Macht der Sünde und überwindet das Böse mit Gutem. Sie segnet den, der sie verflucht, sie tut denen wohl, die sie hassen, und sie bittet für die, die sie verfolgen.

Ein Kind bringt diese Liebe auf die Erde. Erwartet wird ein übermenschlicher König. Ein Kind soll nun der ganzen Menschheit Heil und Erlösung bringen. Erwartet wird ein Herrscher auf einem machtvollen Thron. Gekommen ist ein Erlöser in Knechtsgestalt, gedemütigt, erniedrigt, verfolgt und geschunden, ein Erlöser, der sich selbst hingibt und aufgibt. In ihm ist das Heil keine Zukunft mehr, es beginnt, ein »Heute« zu werden. Dieses »Heute« zielt auf mehr als den augenblicklichen Tag, es bedeutet, so zeigt MANFRED HAUSMANNS Weihnachtsgeschichte, den Einbruch der Zeit in die Ewigkeit. Dieses »Heute« ist Erfüllung im Schatten des Kreuzes, Erfüllung unter dem Zeichen der Hoffnung auf Vollendung. Hoffnung aber nur deshalb, weil Gott in Christus auf die Welt gekommen ist. An ihm hängt unser Leben. Er hat unser Leben in der Hand.

QUELLENNACHWEIS

BAUMANN, HANS: Der Weg des Kindes, aus: Ders., Weihnachtslegenden. Sigbert Mohn Verlag, Gütersloh 1956. © Elisabeth Baumann, Murnau.

BAUMANN, HANS: Die Gabenträger, aus: Ders., Ein Stern für alle. Deutscher Taschenbuch Verlag, München 1978. © Elisabeth Baumann, Murnau.

BONSELS, WALDEMAR: Das sterbende Kind, aus: Ders., Himmelsvolk. Ein Märchen von Blumen, Tieren und Gott. Deutsche Verlagsanstalt, Berlin/Leipzig 1915.

BRÜDER GRIMM: Die Sterntaler, aus: Dies., Kinder- und Hausmärchen. Verlag Philipp Reclam jun., Stuttgart 1984.

CAROSSA, HANS: Die Krippe, aus: Ders., Sämtliche Werke. © Insel Verlag, Frankfurt am Main 1962.

DREISSIG, GEORG: Das Geheimnis des großen Steines, aus: Ders., Das Licht in der Laterne. Verlag Urachhaus, Stuttgart 1987, ^{5}1994.

GOES, ALBRECHT: »Stimmen der Anbetung« (Wir suchen dich nicht/ Wir finden dich nicht/...), aus: Ders., Lichtschatten du. Gedichte aus fünfzig Jahren. © S. Fischer Verlag GmbH, Frankfurt am Main 1978.

GOETHE, JOHANN WOLFGANG: Puppenspiel am Weihnachtsabend, aus: Werke. Hamburger Ausgabe, hrsg. v. Erich Trunz. C. H. Beck Verlag, München 1978.

GOTTHELF, JEREMIAS: Wie Käthi Weihnacht feiert, aus: Ders., Käthi, die Großmutter. Julius Springer Verlag, Berlin 1901.

HAGELSTANGE, RUDOLF: Der Traum des Balthasar, aus: Ders., Und es geschah zur Nacht. © Regine Stolzke, Dreieich.

HAUSMANN, MANFRED: Heute noch. aus: Ders., Nacht der Nächte. Ein Weihnachtsbuch. Neukirchener Verlag, Neukirchen-Vluyn ^{5}1980.

HAUSMANN, MANFRED: Wir sind mit unsrer Königsmacht ..., aus: Ders., Jahres des Lebens. Gedichte. Neukirchener Verlag, Neukirchen-Vluyn 1974 (Originaltitel des Gedichts: Anbetung).

HEBEL, JOHANN PETER: Die drei Könige, aus: Ders., Werke. Verlag der Chr. Fr. Müller'schen Hofbuchhandlung, Karlsruhe 1843.

HILDESHEIM, JOHANNES VON: Die Legende von den Heiligen Drei Königen. Verlag Cotta, Stuttgart/Tübingen 1822.

HOFFMANN, E. T. A.: Das fremde Kind, aus: Ders., Das fremde Kind. Märchen. Rohrwall Verlag, Berlin 2001.

KASCHNITZ, MARIE LUISE: Das Wunder, aus: Dies., Lange Schatten. © Claassen Verlag, München.

KNELLWOLF, ULRICH: Das Märchen vom Stern von Bethlehem, aus: Ders., Ein roter Teppich für den Messias. Theologischer Verlag Zürich, Zürich 1989. © Ulrich Knellwolf, Zollikon.

KOREIMANN, DIETER S.: Die Hirten und der Engel, aus: Ders., Der enttäuschte Weihnachtsbaum. © Verlag Wilhelm Schlecht, Böblingen 1984.

LEUPI, WALTER: Der blaue Hirtenmantel, aus: Weihnachtliche Geschichten, hrsg. v. Maria Aebersold. St. Arbogast Verlag, Muttenz 1978.

LINDER, GERT: Nikolauslegende, aus: Krippe und Stern, hrsg. v. Gert Lindner. © Gütersloher Verlagshaus Gerd Mohn, Gütersloh 1961, ^{5}1965. © Gert Lindner, Reinbek.

LINS, BERNHARD: Der alte Hirte, aus: Ders., Als es doch noch Weihnachten wurde. © Tyrolia Verlag, Innsbruck/Wien 1993.

MAYER-SKUMANZ, LENE: Der kleine Hirte und der große Räuber, aus: Dies., Der Stern. Geschichten, Theaterstücke und Gedichte für Weihnachten. © Verlag Herder, Wien/Freiburg/Basel 1989.

PAUL, JEAN: Der Weihnachtsmann, aus: Ders., Sämtliche Werke, hrsg. v. Eduard Berend. Verlag Hermann Böhlaus Nachf., Weimar 1930.

REINHEIMER, SOPHIE: Der Schnee, aus: Dies., Von Sonne, Regen, Schnee und Wind und anderen guten Freunden. Franz Schneider Verlag, Berlin/Leipzig 1924.

REISER, WERNER: Der dunkle Engel, aus: Ders., Die drei Gaben. © Werner Reiser, Basel.

RINSER, LUISE: Heiligabend, aus: Dies., Das Weihnachts-Triptychon. © 1963 by Verlags AG Die Arche, Zürich.

ROSEGGER, PETER: Advent, aus: Ders., Gesammelte Werke. Verlag E. Staackmann, Leipzig 1922-1924.

ROSEGGER, PETER: Der Niklo, aus: ebd.

RÜCKERT, FRIEDRICH: Werke, hrsg. v. Conrad Beyer. Max Hesse's Verlag, Leipzig o. J. (Originaltitel des Gedichts: Gottes Licht).

Schmidkunz, Walter: Christopherus, aus: Ders., Christusmärchen. Stangl Verlag, München 1922.

Schröder, Rudolf Alexander: Du kamest sonst doch jedes Jahr, aus: Ders., Gesammelte Werke. © Suhrkamp Verlag, Frankfurt am Main 1952 (Originaltitel des Gedichts: Advent).

Seidel, Ina: Du bist mein, aus: Dies., Lennacker. Geschichte einer Heimkehr. © 1955 Deutsche Verlags-Anstalt GmbH, Stuttgart.

Stifter, Adalbert: Vom Christkind, aus: Ders., Sämtliche Werke. Emil Vollmer Verlag, Wiesbaden 1972.

Stifter, Adalbert: Die Kinder im Eis, aus: Ders., Der Heilige Abend. Adem Kraft Verlag, Augsburg 1953.

Timmermans, Felix: Und seine Stimme sang, aus: Ders., Das Jesuskind in Flandern. © Insel Verlag, Frankfurt am Main.

Waggerl, Karl Heinrich: Zeit der frohen Zuversicht, aus: Ders., Das ist die stillste Zeit im Jahr. © Otto Müller Verlag, Salzburg 1976.

Watzlik, Hans: Das goldene Rössel, aus: Ders., Drei Weihnachtsgeschichten. © Aufstieg-Verlag, München 1973.

Weinhold, Gundolf: Die Lebkuchenherzen, aus: SOS-Kinderdorf-Jahrbuch 2000. SOS-Kinderdorf-Verlag, Innsbruck 2000. © Gundolf Weinhold, Kirchgellersen.

Weismantel, Leo: Die Anbetung der Könige, aus: Ders., Das Buch der heiligen Dreikönige. Filser Verlag, Augsburg 1929.

Wiemer, Rudolf Otto: Hirt, du bei Stein und Gras, aus: Ders., Es müssen nicht Männer mit Flügeln sein. Quell Verlag, Stuttgart. © Rudolf Otto Wiemer Erben, Hildesheim.